코로나19 바이러스
"친환경 99.9% 항균잉크 인쇄"
전격 도입

언제 끝날지 모를 코로나19 바이러스
99.9% 항균잉크(V-CLEAN99)를 도입하여 「안심도서」로
독자분들의 건강과 안전을 위해 노력하겠습니다.

KB200089

시대교육그룹

Clean Zone

이 시대를 살아가는 밀레니얼 세대의 5가지 키워드

승진이 뭐가 중요하죠?

길을 잃은 밀레니얼 세대들을 위하여

"교감 선생님, 저 퇴사하겠습니다."

몇 년 동안 퇴사를 꿈꿨다. 교직을 그만둘까 생각은 해보았지만, 실제로 퇴사를 하게 될 줄은 몰랐다. 교감 선생님께 말씀드리니 속이 후련함과 동시에 새로운 시작을 한다는 생각에 가슴이 뛰었다. 교대 생활과 임용고시까지 4년이란 긴 시간을 준비해서 들어간 교직. 하지만 나오는 것은 너무나 간단했다. IMF 외환위기 시절, 아버지의 실직과 사업 실패를 흔히 경험한 세대가 90년대생이다. 안정적인 공무원을 선호하는 현상이 생겨났고, 나 역시 현실적이라고 생각한 선택지들 중에 택했다. 교대 진학과 임용고시 합격, 안정적인 공무원 생활. 하지만 그 좋다는 교직, 공무원을 그만두었다.

'어떤 직업을 가져야 할까?'보다 앞서 고민해야 할 것은 '내가 어떻게 살고 싶은가?'라는 것을 몇 년의 시간이 흐른 뒤에야 깨달았다. 20대에 그렸던 꿈에 가까운 성취를 하였지만 인생에 대한 방향도 목적도 모른 채 살아가니 답답함을 해소할 수 없었다. 직장을 그만두었던 가장 큰 이유는 주체적이고 균형 잡힌 삶을 살고 싶기 때문이었다. 평균 100세까지 산다고 가정해보자. 직장생활을 하면 아마 60대쯤에는 은퇴할 것이다. 근로 소득(월급)이 끊어지면 연금과 저축해둔 금액에만 의존해서 여생을 살아야 한다. '자신만의 일을 새롭게 시작하는 것은 용기가 필요한 일인데, 60대에 무언가를 새로 시작한다고?' 생각만 해도 막막한 일이다. 그래서 나는 인디펜던트 워커(Independent Worker : 개인의 자유에 따라 독립적으로 일하는 사람)가 되기로 했고, 지금도 그 길을 걸어가고 있다.

포스트 코로나 시대에 세상의 질서는 바뀌었다. 사람들과의 대면 접촉을 기피하는 언택트 문화의 확산으로 항공업계, 여행업계, 서비스업계 등 많은 산업군이 위기에 처했고, 온라인 서비스로 운영하는 비대면 산업들은 특수를 누렸다. 4차 산업혁명으로 예측되던 미래의 변화들이 한층 현실로 다가온 것이다. 앞으로는 디지털, 온라인, 비대면 관련 산업들이 더욱 각광받게 될 것이다. 위기가 기회라는 말이 있듯이 어떤 상황에서도 흔들리지 않는 자신만의 중심이 더욱 중요해지는 때이다. 미래의 사회에서 젊은이들은 자신이 무엇을 좋아하고 잘하는지 정확히 파악하여 조직에 얽매이지 않고 자유롭고 독립적으로 일하는 미래형 인재, 인디펜던트 워커로서 균형 잡힌 삶을 살아가야 한다. 직장에서 해고되거나 회사가 망하거나 천재지변이 일어나더라도 살아남을 수 있도록 자신만의 경쟁력을 갖춰야 한다. 또한 재테크 공부를 통해 직장 외의 소득을 만들어 수입원을 늘려야 한다.

20대의 나는 내가 누구인지, 어떻게 살고 싶은지, 나의 색깔을 부단히 찾아 헤맸다. 다양한 직업을 경험하고, 전 세계 55개국을 여행하며 돌아다녔다. 30대의 나는 그렇게 10년 동안 찾아낸 나를 만들어가고 있다. 수능 입시 공부를 지나 임용고시를 준비했던 기간, 선생님으로 학교에서 근무했던 시간들. 서울에서 살아남기 위해 불안과 싸웠던 시간들이 스쳐 지나간다. 같은 밀레니얼 세대로서 '서울 하늘 아래 내 집에서 두 다리 뻗고 살 수 있을까?' 하며 고민하던 시간들이 있었기에 지금 20대의 고민이 남 일 같지 않다. 사회는 아직 젊은 우리를 연애, 결혼, 출산, 내 집 마련, 인간관계, 꿈, 희망까지 포기하며 살아가는 7포세대라 정의하지 않는가.

나의 블로그 이름은 '현실적인 이상주의자'. 닉네임은 '잇첼'이다. '잇첼Itzel'은 나의 멕시코 친구가 지어준 마야 이름으로 무지개 여신이라는 뜻이다. 교육가, 사업가, 투자가, 여행가, 작가로 살아가는 지금. 무지개처럼 다채로운 정체성을 지닌 지금 나의 삶과 비슷하다. 현실만 좇으면 헛헛하고 이상만 좇으면 몽상가가 된다. 한 번 사는 인생 꿈꾸는 모든 걸 이루면서도 현실적인 기반을 함께 갖춰나가고 싶은 염원을 담은 이름이다. 내가 대단한 사람이라서 책을 쓴 게 아니다.

나처럼 살라고 쓴 책도 아니다. 이렇게 하면 성공한다는 책도 아니다. 직장을 그만두라는 메시지도 절대 아니다. 이 시대를 살아가는 평범한 90년대생이 잘 살아보기 위해 노력해 왔던 과정과 시행착오를 공유하고자 한다. 그저 같은 고민을 가진 사람들이 인생이라는 길에서 조금은 덜 헤맸으면 좋겠다.

팽이가 균형을 잃으면 돌 수 없듯이 인생도 여러 면이 균형을 이루어야 지속적으로 행복한 삶을 살 수 있다. 지금부터 이 시대를 살아가는 밀레니얼 세대들이 삶에서 균형을 이루어야 하는 5가지 키워드 '1인 자립력', '재테크', '건강', '자아실현', '관계'에 대해 말해보고자 한다. 개인이 삶에서 주체적인 중심을 잡고 살아갈 때 더 나은 사회도 이룩할 수 있다. 불안과 비관이 깔려 있는 이 시기에도 희망을 갖자. 나의 삶을 바꿀 수 있는 것은 나에 대한 믿음과 부단한 노력이다. 자신만의 주체적인 삶을 살아가려는 모든 사람을 응원한다.

[차례]

1장

공무원을
그만두다

직장만 다녀서
살아남을 수 있을까?

"마스크를 깜박했네!"

현관문을 열고 나와 엘리베이터에 탔다가 아차 싶었다. 또 마스크를 두고 나왔다. 마스크 없이는 돌아다니기 어려운 세상이 찾아왔다. 대중교통을 이용할 수 없고, 식당과 백화점 등에 입장이 불가하다. 정부에서 사회적 거리두기를 시행하면서 '언컨택트'가 새로운 삶의 방식으로 자리잡았다.

"요즘은 온라인으로 수업하고, 아이들은 주 1회 정도 등교해."

학생과 직장인들의 일상도 바뀌었다. 9시부터 6시까지 출퇴근을 하던 직장, 교실에서 옹기종기 모여 앉아 수업을 듣던 일상은 사라졌다. 대신 화상 회의, 온라인 수업을 통해 교류하는 것이 일상화되었다. 전통적인 산업 구조도 바뀌었다. 저금리로 인해 시중에 풍부해진 유동

자금이 주식, 부동산, 비트코인 등으로 흘러 들어가 재테크로 성공신화를 쓴 사람들이 이전보다 빈번하게 탄생하고 있다. 과거처럼 직장 월급에만 의존해서는 변화하는 사회에서 살아남기 어렵다.

경제 유튜버 신사임당이 예능 프로그램 〈유 퀴즈 온 더 블럭〉에 출연했다. 재테크 전문 크리에이터로 소개된 그는 부동산 임대, 주식 투자, 스마트스토어, 유튜브 등의 다양한 수입원을 가지고 있다. 월 180만 원을 받던 회사원에서 월 1억 8천만 원으로, 100배의 수익을 올리고 있다.

앞으로 신사임당처럼 조직에서 독립해 홀로 일하는 인디펜던트 워커가 폭발적으로 증가할 것이다. 그들은 어디에도 소속되지 않고 개인의 기술과 능력으로 프로젝트를 진행하여 일하는 독립적인 노동 주체이다. '1인 기업', 'N잡러', '프리랜서', '디지털 노마드'도 유사한 개념이다. 네이버 스마트스토어나 쿠팡에서 물건을 판매하고, 크몽이나 숨고에서 자신의 재능을 판매하고, 유튜브에 자신의 콘텐츠를 올리는 사람들이 그 예시이다. 유연한 계약을 통해 독립적으로 일하는 사람을 모두 인디펜던트 워커로 볼 수 있고, 이들의 활동을 '긱 이코노미(Gig Economy : 빠른 시대 변화에 대응하기 위해 비정규 프리랜서 근로 형태가 확산되는 경제 현상)'라고 부른다.

미국 및 유럽 등 15개국의 인디펜던트 워커 조사				
분류	인구(명)	디지털 플랫폼에서 수익을 얻는 비율(%)	디지털 플랫폼 사용자 수(명)	플랫폼의 예
전체 인디펜던트 워커	1억 6200만	15	2400만	
노동력을 제공하는 인디펜던트 워커	1억 5000만	6	900만	Uber Upwork
상품을 판매하는 인디펜던트 워커	2100만	63	1300만	Etsy Ebay
자산을 임대하는 인디펜던트 워커	800만	36	300만	Airbnb Blablacar

출처 : Mckinsey Global Institute analysis

평균 수명이 길어졌고, 세상은 빠르게 변화하고 있다. 이런 세상에서 살아남기 위해서는 끊임없이 자신을 계발하며 상황에 유연하게 대처해야 한다. 직장에만 의존하는 것이 아닌 자신만의 경쟁력을 갖춰야 한다. 이에 더하여 기성세대가 '무엇을 할 것인가'를 기준으로 직업을 선택했다면, 밀레니얼 세대는 '어떻게 살 것인가'까지 고려하며 직업을 선택해야 한다. 초등학생 장래희망의 상위권을 유튜버가 차지한다고 한다. 사회적인 권력, 돈, 명예를 얻는 것이 과거의 성공 기준이었다면 지금은 개개인마다 성공의 기준이 다르다. 인디펜던트 워커는 자신이 하고 싶은 일, 함께 일하고 싶은 사람, 일하고 싶은 시간과 장소를 자유롭게 선택할 수 있다. 스스로가 원하는 가치를 실현하기에 적합한 삶의 형태이다.

'어떻게 살 것인가'라는 질문에 대한 답을 니체의 책에서 힌트를 얻었다. 니체는 인간의 정신이 3가지 단계로 변화한다고 이야기한다.

첫 번째 단계는 낙타의 정신이다. 낙타는 주인에게 절대복종하며 순종적인 것이 특징이다. 무거운 짐을 지고 사막을 뚜벅뚜벅 걸어가면서 자신의 능력을 주인에게 증명받길 바라며 비판이란 있을 수 없다. 겁이 많은 낙타는 주인의 말에 절대적으로 복종할 뿐이다.

두 번째 단계는 사자의 정신이다. 자유를 쟁취하고자 하는 강한 욕망과 자신이 사막을 다스리는 주인이 되고자 한다. 주인의 말을 무조건 받아들이거나 순종하지 않고, 자신의 의지로 움직이려고 한다. 만약 자신의 권리나 자유를 침해한다면 사자는 이빨을 드러내며 자유를 외친다. 하지만 사자는 고독하고 불안하다.

마지막 세 번째 단계는 바로 아이의 정신이다.

어린아이는 순진무구이며 망각이며 새로운 출발, 유희,
저절로 굴러가는 바퀴, 최초의 움직임, 성스러운 긍정이다.
창조의 유희를 위해 성스러운 긍정이 필요하다.
니체 『차라투스트라는 이렇게 말했다』 중에서

아이들은 지금 이 순간을 즐기고, 나쁜 일은 금방 잊어버리는 순수함을 지니고 있다. 어디에도 구속되지 않고, 오로지 자신의 모습으로 삶을 이끌어 나간다. 인생을 살아가면서 우리는 낙타, 사자, 아이의 삶을 오간다. 니체는 인생의 전반부를 낙타의 삶이라고 부른다. 학교를 졸업하고 갓 성인이 되어 삶의 책임 속으로 무거운 짐을 지고 들어온 낙타는 학생, 직장인 시절과 비슷하다. 그러다 인생이라는 사막 한가운데서 낙타는 죽고 사자가 태어난다. 내 마음대로 살아보는 사자의 시대가 열리는 것이다. 삶을 주도적으로 이끌어가는 인디펜던트 워커의 모습이 사자와 비슷하다. 여기서 더 나아가 주체적으로 삶을 꾸려나가며, 균형 잡힌 인생을 즐기며 사는 아이의 모습을 이 책에서는 '단독자'의 삶을 산다고 정의하겠다.

나는 인디펜던트 워커로 일하며 나의 삶을 만들어가고 있다. 초등교사로 재직하였고, F&B(Food and Beverage : 레스토랑, 카페 등) 분야의 사업체에서 법인 관리 업무를 하며 부동산 투자도 했다. 11년에 걸쳐 55개국을 여행했으며, 나의 경험을 담아 책을 썼다. 직장은 나에게 또 다른 하나의 선택지이며, 주체적이고 균형 잡힌 인생을 즐기며 사는 단독자가 될 것을 지향한다. 낙타로 살 것인지, 사자로 살 것인지, 아이로 살 것인지는 당신의 선택이다. 빠르게 변하는 사회에서 생존하면서도, 지향하는 가치를 실현하기 위해 당신은 어떤 준비를 할 것인가?

"인생이라는 사막 한가운데서 낙타로 살 것인지, 사자로 살 것인지,
아이로 살 것인지는 당신의 선택이다."

삶이 균형을 잃으면
균열이 생긴다

2018년에 출간된 『90년생이 온다』는 출간 1년 만에 40만 부의 판매고를 올린 대표적인 베스트셀러다. 밀레니얼 세대가 확실한 트렌드로 자리 잡은 것이다. 기업에 막 입사한 신입부터 서른 초중반의 대리까지 이 세대들은 앞으로 경제의 주도권을 잡고 이끌어갈 것이다. 이 책에서는 90년대생의 특징을 세 가지로 꼽는다.

첫째, 간단함을 추구한다. 길고 복잡한 것은 지양하는 그들의 특징은 언어에서도 나타난다. 줄임말을 자주 사용하며, 정보도 자신이 필요한 것만 빠르게 흡수한다.

둘째, 재미를 추구한다. 이 책의 저자는 자아실현을 최고 수준의 욕구로 보았던 '매슬로의 욕구단계이론'을 깬다. 그리고 이제는 유희를 통한 자아실현이 기본이 되었다고 말한다. 먹는 일이 단순히 배를 불리는 행위가 아니라 일종의 유희가 되고, 디지털에 익숙한 세대답게 자신의 유희를 공개적으로 SNS에 드러낸다.

셋째, 정직을 중시한다. '헬조선', 'N포세대'라는 말이 시도 때도 없이 들릴 정도로 힘든 현실이다. 대학을 졸업해도 취업문은 열리지 않으며, 가까스로 취업에 성공한 이들은 자신이 꿈꾸던 것과는 너무도 다른 직장생활에 염증을 느껴 조직 밖으로의 탈출을 감행한다. 어디에서도 공정한 기회는 찾을 수 없고, 그나마 공정함을 기대할 수 있는 게 바로 공무원 시험이라는 것이 그들의 결론이다. 철두철미한 계급, 못나서도 안 되지만 뛰어남 또한 용납 못하는 문화는 어느 조직이나 마찬가지니 그에 대한 기대는 내려놓은 채 안정적인 고용을 믿기로 한 것이다. 공정성과 투명성을 중시하는 이 세대의 특성을 잘 보여주는 현상이다.

그들의 직장생활은 기성세대와 다르다. 옳다고 생각되는 말은 참지 않는다. "퇴근 시간이 되었으니 집에 가보겠습니다"라며 정시 퇴근을 한다. 정시 퇴근은 근로계약서에 명시되어 있는 엄연한 권리이니 정시 퇴근을 보장하는 기업으로, 공무원으로 발길을 돌린다. 회사에 헌신하면 헌신짝이 된다는 말에 공감하고, 꼰대를 기피하며, 안정과 저녁이 있는 삶을 택한다. 90년생으로서 실제로 내가 겪은 사회생활도 그랬다. 교대를 다닐 때에도 대기업을 다니다가 그만두고 온 사람들이 종종 있었다. 전문직과 대기업 회사원에 비해 급여는 적지만 삶의 만족도는 높은 편이다. 이처럼 공무원은 안정적이고, 연금을 보장받으며, 상대적으로 공정한 문화를 가진 것이 장점이다. 더불어 지금은 저성장 시대이다. 빈익빈부익부는 점점 더 심해질 것이고, 월급을 모아서 부자가 되는 것은 쉽지 않다. 불안정한 이 시대에 공무원이 되면 퇴근 후에 자기만의 시간을 가질 수 있고, 그 시간에 어느 정도 '재미'도 추구할 수 있다. 비교적 '정직'하게 직장을 얻어 직장생활을 할 수 있으니, 공무원이 인기인 것이 당연하다.

이제는 먹고살기 힘든 세상도 아니고 평생 일만 했던 우리 아버지 세대가 과연 얼마나 행복한가에 대해 90년대생들은 보고 느낀 바가 있다. 개인의 권리 의식과 지식수준이 높아지면서 과거에는 문제인지 몰랐던 것들이 문제라는 것을 알게 되고, 인터넷의 발달로 토론과 비판이 활발해졌다. 정보는 빠르게 공유되며 민주화는 훨씬 더 진전되었으니, 이제는 옳지 않은 것은 참지 않는다. 이미 젊은 세대들의 사고방식은 우리보다 먼저 선진국 대열에 오른 사람들의 사고방식과 비슷하다. 개인의 인권이 중요하며 삶의 질에 대한 욕구가 더 강하다. '기성세대가 생각하는 당연한 것'과 '90년대생이 생각하는 당연한 것'이 충돌할 수밖에 없다.

삶의 만족도는 '균형'에서 온다. 균형 잡힌 삶을 꾸리는 요소는 신체적 건강 | 정신적 건강 | 재정 상태 | 직업 | 사회적 공헌 | 흥미롭고

재미있는 삶 ┃ 가족과 친구 ┃ 지속적인 성장 등이다. 이 모든 요소의 전반적인 만족도가 높을 때 사람은 '행복한 삶을 살고 있다'고 느낀다. 하지만 우리나라 사람들의 삶을 보자. 한국의 자살률은 2005년 이후 2017년 한 해만 빼고 경제협력개발기구(OECD) 1위에서 내려온 적이 없다. 10대는 성적과 대학 진학이, 20~50대는 경제적 어려움이, 60대 이상부터는 질병이 자살 동기에서 가장 큰 비중을 차지하고 있다. 우리나라 학생들은 휴식권마저 빼앗긴 채 전 세계에서 가장 치열한 입시 경쟁에 내몰려 있고, 노동자들은 최악의 불안정한 고용과 빈부 격차를 겪고 있다. 노령화 속도와 노인 빈곤율도 전 세계에서 가장 높다. 하나같이 세계 최고 자살률을 뒷받침하는 수치다. 보건복지부 조사 결과, '자살에 대한 허용적 태도'도 갈수록 높아지는 추세라고 한다. 이 또한 사회에 대한 '희망 없음'이 반영된 것으로 봐야 한다.

사람들에게 "당신은 행복하십니까?"라고 물었을 때, 선뜻 "네, 행복합니다."라고 대답하는 사람이 얼마나 될까? 경제적으로 많은 성취를 이루었지만 마음 한구석이 뭔가 헛헛하고 나는 무엇을 위해 사는지 모르겠다며 뒤늦게 고민하는 사람들을 종종 보았다. 그래서 나는 사람들이 균형 잡힌 삶을 꾸려가는 방법을 배워야 한다고 생각한다. 일과 삶의 균형은 물론 자아실현, 건강, 재정, 인간관계에서도 조화가 깨지면 팽이가 균형을 잃듯 삶에도 균열이 생긴다.

인디펜던트 워커로 사는 것 역시 때때로 일과 삶의 균형이 깨진다. 직장을 다닐 때는 주어진 일을 완수하면 퇴근 후에 일과 삶의 경계가 분명했다. 하지만 지금은 경계가 불분명하다. 스스로 할 일을 정해서 원하는 장소와 시간에 일을 한다는 것은 큰 장점이지만, 밤늦게까지 또는 주말에도 일을 하기 일쑤다. 다만 직장생활을 할 때와 큰 차이점은 내가 선택했고 좋아하는 일이라서 힘든 줄 모르고 한다는 것이다. 스케줄을 정리할 때 일정 중간중간에 나의 삶을 충만하게 해주는 요소들을 배치하는 것도 균형의 중요성을 잘 알기 때문이다.

당신은 지금의 삶에 만족하는가? 삶의 균형을 잘 유지하고 있는가? 만약 그렇지 않다면 균형을 잃지 않기 위해 다시 삶의 중심을 바로잡을 때이다.

너 자신이 되어라
'Be Yourself'

"모두 20대에 사랑에 빠져 결혼하고, 30대에 애 낳고, 집 장만하느라 뼈빠지게 일하고 나이 들어가면서 이건 내가 원하던 삶이 아닌데 생각하지만, 벌떡 일어나 정신과 가서 상담받으며 그렇게 살아."

줄리아 로버츠 주연의 영화 〈먹고 기도하고 사랑하라(Eat Pray Love)〉에서 주인공 리즈의 친구가 리즈에게 한 말이다. 이혼한 리즈가 일 년 동안 여행을 떠나려 하자 붙잡으려고 한 말이었지만, 정작 공항에서 친구는 "사실 네가 부러워"라며 고백한다.

저널리스트라는 안정적인 직장, 번듯한 남편, 주위에는 사랑하는 가족들과 친구들이 늘 곁에 있는 주인공 리즈. 표면적으로는 남부러울 것 없는 삶이지만 그녀의 마음속은 늘 공허하다. 리즈는 남편과 있을 때는 남편이 좋아하는 스타일의 옷을 입으면서도 스스로 인식조차

하지 못하며 살아왔다. 나를 버리고 상대에게 맞추면 행복할 것이라고 착각했기에 상대에게 맞추기 위해 애쓰다 결국 파경을 맞았다. 자신의 진정한 모습을 되찾고 싶었던 그녀는 정해진 인생의 틀을 벗어나기로 한다. 그렇게 이탈리아, 인도, 발리로 긴 여행을 떠났고, 그곳에서 자신이 원하는 삶을 살아본다.

이 영화를 처음 보았을 때 나는 공무원(교사) 생활을 하고 있었다. 나와 주변인의 삶을 보며 공감되는 부분이 많았다. 요즘 젊은이들이 가장 선망하는 직업이 공무원이란다. 그렇다면 공무원이 된 사람들은 얼마나 자신의 삶에 만족하며 살아갈까? 나는 사범대에 진학해서 유네스코에서 국제공무원으로 일하는 것이 꿈이었다. 하지만 수능 당일 최악의 컨디션으로 시험을 망쳤고, 어쩔 수 없이 교대에 진학했다. 수능이 끝나고 가족들은 여자 직업으로 선생님 만한 게 없다며 교대 진학을 적극 권유했다.

"국제기구에 들어가기가 얼마나 어려운 줄 아니? 혹시나 네가 원하는 국립대에 못 가서 사립대 진학을 하게 되면 학비가 감당이 되겠니?"

가족들은 재수를 말렸고, 그렇게 나는 교대에 가서 임용고시를 보고 교사까지 되었다. 내가 생각했던 최선의 시나리오대로 흘러갔던 것은 아니지만, 크게 벗어나지 않은 삶을 살았으니 70퍼센트 정도는 만족했다. 하지만 뭔가가 부족하고 몸에 맞지 않는 옷을 입고 있는 기분이 들었다.

동기들이 시험을 보니까 당연히 나도 합격해야 한다는 생각과 미래에 대한 불안감에 임용고시 합격하는 데에만 급급했지만 선생님으로 근무를 하면서 한 가지 사실을 깨달았다. 사실 공무원이냐 아니냐 보다 더 중요한 것은 내가 주체적으로 이 길을 선택했는지, 내가 이 직업을 얼마나 좋아하고 의미를 부여하는지 등이 직업 만족도에 더 영향을 준다는 것을. 일을 한다는 것은 단순히 생계유지의 수단이 아니라, 매주 40시간 이상의 시간을 일터에서 할애해야 함을 의미한다. 어떤 일을 하든 고충이 따르기 마련이다. 교사, 사업가, 투자가, 작가 등 다양한 직업을 경험하며 각 직업마다의 고충이 무엇인지를 알 수 있었다. 사실 지금이 교직에 있을 때보다 일하는 시간은 길지만 만족도가 더 높은 것은 주체적으로 내가 선택한 일이기 때문이다.

　사람들이 길을 헤매는 이유는 크게 두 가지다. 자기 자신에 대해서 잘 모르고, 지금의 삶에 만족하지 못하지만 어떻게 상황을 해결해야 할지 모른다. 내가 무엇을 잘하는지, 무엇을 좋아하는지, 무엇을 싫어하는지, 어떤 재능을 타고났는지 스스로 탐구하는 과정을 거쳐야 해결책을 찾을 수 있다. 사람들이 명문대를 가야 한다고 하니까 공부하고, 좋은 직장을 얻어야 한다고 하니 대기업에 들어간다. 타인의 기대에만 맞추어 살다 보면 언젠가는 텅 빈 공허한 자신을 마주하게 된다.

"그 좋은 직장을 왜 그만두니? 나이도 점점 많아지는데 좋은 남자 만나서 시집이나 가."

"투자를 한다고? 하지 마. 돈 날릴까 무섭다 애."

"외국에서 살아봤자 불편하고 힘들어."

도전의 가장 큰 적은 나를 아끼는 사람들의 만류이다. 사업을 하고 싶다고 하면 대부분 사업을 해보지 않은 사람들이 말린다. 남의 이야기를 듣다 보면 마음속에 두려움이 싹튼다. '사람들이 다들 그렇다는데 내가 어떻게 할 수 있겠어?'라며 포기해버린다. 나를 아끼기 때문에 내가 다치지 않길 바라는 마음에서 우러나온 조언이다. 하지만 어떤 분야에 도전해서 성공하고 싶다면 나와 가까운 사람보다는 '그 분야의 성공한 사람'에게 조언을 들어야 한다. 그리고 성공한 사람들은 대부분 그 길을 가라고 이야기한다. 다른 사람들의 의견을 참고하되 결정은 스스로 내려야 하는 이유는 다음과 같다.

첫 번째, 나는 나이다. 같은 경험이라도 사람에 따라 받아들이는 건 천양지차이다. 모두가 선망하는 직장을 다녀도 나는 정작 행복하지 않을 수 있다. 또한 외국에서 사는 게 누군가는 불편할 수 있지만 나에게는 다양한 문화를 향유하는 기회였다. 그 누구도 내 인생을 대신 살아주지 않는다.

두 번째, 성공한 사람들은 소수이며 상식은 대중들의 생각이다.

상식이 맞을 때도 있지만 다 옳은 것은 아니다. 스티브 잡스나 마크 저커버그가 대중들의 일반적인 상식을 따랐다면 지금의 애플과 페이스북은 없었을 것이다.

세 번째, 사람들은 생각보다 남에게 관심이 없다. 우리는 타인을 많이 의식하지만 대부분의 사람들은 타인보다 자기 자신에게 더 관심이 많다. 내가 인생을 걸고 행하는 선택에 나보다 더 많이 연구하고 고민할 사람은 없다.

네 번째, 기성세대가 경험한 시대와 지금 우리가 사는 시대는 많이 다르다. 전 세계에서 한국만큼 단기간에 급속도로 성장한 나라는 없다. 70년 동안 1차 산업혁명에서 4차 산업혁명을 아우르는 변화를 겪었으니 조부모님 세대, 부모님 세대, 우리 세대의 생활 양식과 사고방식은 크게 다를 수밖에 없다. IMF 이후 안정적인 공무원이 각광받고 있지만, 과거에는 어떠했는가? 사회의 기준은 늘 변하기 마련이다. 그러니 내가 원하는 것을 기준으로 선택했을 때 후회가 적다.

다섯 번째, 개인주의와 이기주의는 다르다. 내가 무언가를 도전하려고 할 때 '너는 왜 가족을 생각하지 않냐'는 이유로 가족들이 만류할 수 있다. 한국인(및 아시아인)의 특징이 집단주의적 사고방식이 강하다는 것이다. 나와 가족을 분리된 개인으로 생각하지 못한다. 가족을 위해서 희생하는 것을 미덕으로 여겼던 기성세대의 생각은 이해한다. 하지만 가족을 위해 자신을 희생하는 것이 어찌 당연한 것인가? 계속 반대한다면 일단 실행하고 결과로 보여주면 된다. 이때 결과에 대한 책임은 오로지 내 몫이다. 경제적, 정서적으로 독립하여 내 힘으로 이루어가는 게 중요하다.

"만약 10년 전으로 돌아가서 너에게 해주고 싶은 조언이 있다면 뭐라고 할 거야?"

유럽, 미국, 중남미 등 전 세계에서 만난 친구들에게 물었다. 그들의 대답은 같았다.

"Be Yourself."

너 자신으로 살라는 것. 남이 가는 길을 따라가지 말고 너 자신의 길을 가라는 것. 그러지 못했던 게 후회된다는 것. 생각해 보면 10년 전에는 큰일처럼 느껴졌던 것들이 지금은 아무렇지도 않다. 수능 시험을 앞두고 고등학교 3학년 때 내가 느꼈던 시험의 무게는 세상의 전부 같았다. 여행을 하면서 깨달았다. 편도 티켓을 끊고 떠나도, 혼자 무작정 떠나도 괜찮다는 것을. 사람 사는 곳은 결국 다 똑같다는 것을.

여행길에 다양한 위험이 존재하듯, 인생길도 마찬가지이다. 세상에 '안전한 길'은 없다. 공무원이 되었지만 불미스러운 사건이 일어나서 좌천되거나 직업을 잃을 수도 있다. 결혼도 이혼으로 파경을 맞을 수 있다. 살다 보면 변수가 얼마나 많던가. 세상에 '안전한 길'은 없다면 내가 '선택한 길'을 가는 게 후회가 없다. 어떤 사람은 내가 직장을 그만둔 것을, 다양한 나라를 여행한 것을 부러워한다. 나는 안정성과 꾸준히 들어오는 월급을 기회비용으로 지불하였지만 나의 선택에 만족한다. 어떻게 살아야 하는가는 모두의 근본적인 고민일 것이다. 왜 사는 걸까? '그냥 태어났기 때문에?', '가족을 위해?', '무언가 사명을 위해?', '행복하기 위해?' 그 답은 스스로 내려야 한다. 당신에게 중요한 가치는 무엇인가? 10년 후에 내가 하지 않아서 후회할 것 같은 일이 있다면 무엇인가?

다양한 것을 시도하고, 실패하고, 보완할수록 성공의 가능성은 높아진다. 도전하는 게 위험한 것이 아니라, 실패하고 멈춰버리는 게 위험한 것이다. 도전을 말릴 것이 아니라 포기히는 것을 말려야 한다. 일을 시작하고서 최선을 다하지 않고 책임지지 않는 자세를 지적해야 한다. 처음부터 무언가를 잘할 수는 없다. 과거의 실수가 있었기 때문에 지금의 성공이 있는 법이다. 불가능해 보였던 일을 이루어내는 건 또 얼마나 멋진 일인가. 그래서 나는 현실을 직시하면서도 희망을 잃지 않는 지극히 현실적인 이상주의자로 살고 싶다.

Q. 10년 전으로 돌아가서 나에게 해주고 싶은 말이 있다면?

_____

_____

_____

_____

_____

Q. 10년 후에 지금의 내가 하지 않아서 후회할 일이 있다면?

_____

_____

_____

_____

_____

평생 나오는 공무원 연금을
포기한 이유

"합격입니다. 축하드립니다."

초등 임용고시 합격자 조회 페이지 로드 시간 1초가 1시간처럼 느껴졌던 그때, 심장이 터질 것 같았다. 20대에 가장 행복했던 순간을 꼽으라면 임용고시 합격 발표날이다. 임용고시 공부를 하면서 너무 힘들었기 때문에 재수는 절대 없다고 생각했다.

'이제 내 인생에 더 이상의 시험은 없겠구나.'

룰루랄라 콧노래를 부르며 해방감을 만끽했다. 대학 졸업 후 일주일 만에 집을 구하고, 학교로 출근해서 5학년 담임을 맡게 되었다. 23살에 12살짜리 제자들과 1년을 보내며 사회생활이라는 것을 처음 경험했다. 교사 생활이 힘들기도 했지만 많은 것을 배웠고, 직업의 장점도 정말 많았다. 한국에서 사회생활을 하고, 주변 사람들을 관찰하며 든 생각은 '직장인으로 살려면 공무원이 좋긴 좋다'는 것이다. 어떤 면에서 좋았는지 구체적으로 이야기해보겠다. 첫째, 상사의 눈치를 크게 볼 필요가 없다. 동료 교사들과는 동등한 관계이고 교장 선생님, 교감 선생님이 계시지만 일일이 모든 일에 결재를 받아야 하는 시스템이 아니다. 우리 반의 일은 내가 원하는 대로 진행할 수 있다. 회식도 학교 분위기에 따라 다르지만 보통 한 학기에 한 번 전체 회식을 하는 정도로 회식 스트레스가 없다. 둘째, 퇴근 시간이 명확하다. 초등 교사의 경우 자기 교실에서 아이들을 지도하는 데 대부분의 시간을 보낸다. 그리고 하교 후에는 상사 눈치 볼 필요 없이 퇴근하면 된다. 물론 업무가 많은 교사들은 늦게까지 근무하기도 하지만 상대적으로 회사원보다 자유롭다. 셋째, 방학이 있어 여행을 길게 가거나 자기계발에 힘쓸 수 있다. 넷째, 평생 나오는 연금이 있다. 평균 수명이 연장된 요즘, 20~30년 일해서 평생 연금을 받을 수 있으니 월급은 비록 대기업보다 적지만 안정적인 장점이 있다. 다섯째, 육아 휴직을 3년까지 쓸 수 있다. 퇴근 시간이 빠르고 육아 휴직이 자유롭다는 점에서 여성들이 일과 가정을 함께 돌볼 수 있다. 실로 사람들이 공무원이 되고 싶어 하는 이유는 충분하다.

'그럼에도 불구하고…!'

나는 공무원을 그만뒀다. 내가 공무원을 그만둔 이유는 이러하다. 첫째, 나만의 비전을 찾을 수 없었다. 보통 교대를 졸업해서 교사가 되면 세 가지로 길이 나뉜다.

1. 교사 → 부장 교사 → 장학사 → 교감 → 교장 → 교육청 승진 …
2. 석사 → 박사 → 시간 강사 → 교수
3. 평교사로 계속 근속 or 평교사 근속 후 수석교사

하지만 셋 중 어느 하나도 열정이 마구 샘솟는 목표가 없었다. 우리 때에는 연금도 140만 원 정도라는데 퇴직 시점에 인플레이션으로 떨어질 돈의 가치를 감안하면 생활비로도 어려운 수준이라는 생각이 들었다. 지금 퇴직한 공무원들에 비하면 연금의 장점이 크지 않다고 판단했다. 훌륭한 선생님들도 많이 계셨지만, 미래에 내가 꿈꾸는 삶의 모습은 아니었다.

'연금을 내가 만들 순 없을까? 투자 공부를 해서 급여 외 소득을 만들면 가능하지 않을까?'

안정성과 연금만을 바라보며 20~30년 근무하는 것보다 내가 연금을 만들어야 한다는 생각이 들었다. 아이들과 함께하는 시간은 정말 행복했고, 어떤 때는 주말에도 아이들이 보고 싶을 만큼 직업 자체는 사랑했다. 하지만 틀에 박힌 업무를 처리해야 하는 직장생활이 답답했다.

둘째, 공무원의 특성이 나와 맞지 않았다. 안정적으로 월급이 나오고, 정시 퇴근이 가능한 것이 최고의 장점이지만, 공무원 사회의 특성

이 마치 공산주의 나라에서 사는 기분이 든달까? 자본주의 사회라면 일을 더 열심히 하고 자신만의 경쟁력을 확보하면 그만큼의 보상이 따라오기 마련인데, 공직 내에서는 한계가 분명했다. 막상 근무해보니 시키는 일을 해야 하는 '월급쟁이'의 포지션이 나와 맞지 않는다는 것을 알았다. 뭔가 답답한데 내가 바꿀 수 있는 것은 한정적이었고, 무엇보다 '자유'가 필요했다. 시간을 자유롭게 쓰고, 결정을 자유롭게 내리고 싶었다. 교직 생활에 70퍼센트 정도는 만족했지만, 그만두고 싶다는 생각을 늘 가슴 한편에 품고 살았다. 그만두고는 싶지만 막상 무엇을 해야 할지 몰라 학교를 다니면서 그 방법을 찾아봐야겠다고 생각했다. 뭔가가 불편한데 방법을 몰라서 찾아 헤맸던 시간이 3년이었다.

셋째, 가보지 못한 길에 미련이 있었다. 23살부터 앞으로 20~30년간 이 일만 해야 한다고 생각하니 숨이 막혔다. 더 많은 경험을 하고, 이 길을 선택했으면 훨씬 좋았겠다는 생각이 들었다. 어렸을 때부터 해외에서 근무하는 것을 늘 꿈꿔왔다. 고등학교 3학년 때 나의 꿈은 교육 전공을 해서 국제기구에 들어가는 것이었다. 사범대에 가고 싶었는데 교대에 가게 되었고, 일단 임용고시에 합격해서 교사 생활을 하면서 국제적인 길을 찾아보자는 생각이었다. 하지만 현실과 이상은 달랐다. 나는 미국이나 유럽에서 살아보면서 해외 경험을 쌓고 싶었다. 그래서 유럽의 장학생 프로그램 'Erasmus Mundus'에 지원하고

자 교사 5년 차가 되던 해에 토플 공부를 하고, SOP(학업계획서)를 쓰며 유학 준비를 하기도 했다.

넷째, 어떤 길을 가더라도 잘 해내리라는 믿음이 있었다. 책을 읽고, 강의를 듣고, 다양한 경험을 시도하면서 사업도 배우고 투자를 시작하게 되었다. 경험이 쌓여가다 보니 공무원을 그만둬도 난 잘할 수 있겠다는 확신이 점차 생겼다. 다시 공무원이 되려면 임용고시를 또 봐야겠지만 한 번 붙은 시험 두 번 못 붙을까 싶었다. 하고 있는 일이 많아서 교직을 병행하기에 시간과 체력에 한계가 있었고, 앞으로 하고 싶은 일도 많았다. 사표를 던지기 전까지 고민과 준비를 한 시간이 몇 년이었기 때문에 아무 미련 없이 그만둘 수 있었고, 지금도 후회하지 않는다.

사표를 던지기 전까지 내가 공무원을 계속 한다면 할 수 있는 일과 장점, 또한 공무원을 그만두었을 때의 장점과 단점도 상세하게 적어보았다. 앞으로 3년, 5년, 10년 후의 내 모습도 상상해보았다.

공무원을 계속 한다면	공무원을 그만두면
• 일을 하다가 출산을 하면 육아 휴직과 복직을 반복하며 아이를 키우는 30~40대를 보낸다.	
• 안정감과 소속감, 아이들을 가르치는 보람을 느낄 수 있다.	• 교사직과 내가 하고 싶은 일들을 병행하는 건 상당히 힘들 것이다.
• 방학 기간에 동호회 활동과 여행 등을 다니며 느낀 것들을 아이들에게 수업을 통해 전달해 줄 수 있다.	• 하고 싶은 일, 일하고 싶은 시간, 장소를 내가 자유롭게 선택할 수 있다.
• 말레이시아와 태국 파견 교사, 교육 NGO 근무, 석사 등 교사를 하며 해보고 싶었던 일들도 도전할 수 있다.	• 불안정하고, 앞날을 보장받을 수 없다는 것이 단점이다.

"교사를 그만둬도 괜찮을지 모르겠어…"

외국 친구들과 이야기하며 고민을 털어놓았다. 그럼 그 친구들의 반응은 한국 친구들과 정말 달랐다.

"왜? 너는 그 직업을 계속하고 싶니?"

나라에 따라 다르지만 한국은 교사가 되기 굉장히 힘들고, 교사를 선망의 직업으로 생각한다. 하지만 공무원 선호 현상이 강하지 않은 나라의 친구들은 내가 망설이는 것을 공감하지 못했다. 많은 주변인들이 '그만두긴 너무 아깝다'는 이유로 말렸지만, 유통기한이 지난 비싼 화장품을 얼굴에 바르면 독이 되는 것처럼 이젠 놓아줘야 할 때라는 생각이 들었다.

공무원을 그만두어도 나는 교육자다. 언젠가 필요하다면 어떤 방식으로든 아이들과 함께하는 교육자의 삶을 살 것을 다짐했다. 임용고시에 합격하긴 어려웠지만 나가는 것은 쉬웠다. "교감 선생님, 저 의원면직하려고 합니다"라고 말씀드리고 서류 몇 장을 적어서 보내는 게 다였다. 퇴직금까지 수령하고 나니 비로소 그만뒀다는 실감이 났다. 현실적인 면을 철저히 따졌고 이상적인 삶을 살기 위한 주체적인 선택이었다.

70퍼센트 만족했던 수동적인 삶에서 90퍼센트 이상 만족하는 주체적인 삶을 직접 디자인해보겠노라 사표를 던진 그날 마음먹었다.

직장인의 삶 vs 프리랜서의 삶

좌충우돌 신입 선생님

"교대 졸업하면 만능인이 된단다."

대학교에 입학한 후 선배가 했던 말이다. 대학을 가기 전에는 막연히 명문대에 가면 좋을 줄 알았다. 대학 이름만 생각했지 세부적인 교육 과정은 깊게 생각해 보지 않았다. 교대 교육 과정은 예체능이 많다. 리코더, 피아노, 무용, 체조, 서예, 회화, 요리, 원예 등 초등학교 교과목에 나오는 모든 것을 배운다. 내가 대학생이 돼서 과제를 위해 밤새도록 붓글씨를 쓰고 있을 줄 상상이나 했을까? 뜨개질을 배워 목도리를 뜨고, 타이즈를 입고 포크 댄스를 춰서 학점을 따야 한다. 난 나름 재밌게 수업을 들었는데, 남자 동기들은 무용 시간에 타이즈 입는 걸 힘들어했다. 고등학교 때 내가 선택한 학과에서 배울 내용과 진로를 더 상세히 알았으면 좋았겠다는 생각이 들었다.

　선생님이 되기 전에는 몰랐던 사실들을 학교에서 근무하면서 알게 되었다. 임용고시를 준비하면서 동기들과 "임용고시 합격만 하면 학교 화장실 청소 내가 다 할 수 있어!!"라고 농담을 했었다. 교사가 되기 전에는 그만큼 간절했고, 절대 그만두지 않을 작정이었다. 교대를 다니면서 다섯 번의 교생 실습을 했고, 어느 정도 학교생활을 안다고 자부했다. 내가 교생 실습을 할 때 제일 신경이 쓰였던 것은 '수업'이었다. 아이들 앞에 서서 수업을 하는 것이 긴장됐다. 그래서 당연히 교사가 된 후에도 수업이 가장 어려울 줄 알았다.

　아니었다. 정작 어려운 것은 아이들 생활 지도와 학교 업무였다. 2주 동안의 교생 실습과 1년간 담임으로서 나의 학생들을 보듬는 무게감의 차이는 너무도 컸다. 아이들 생활 지도를 하다 보면 별의별 사건들이 다 발생한다. 도둑질, 왕따, 학교폭력, 크고 작은 돌발 상황까지. 갖가지의 사건들을 지혜롭게 해결하는 상황 대처 능력이 교사에게 가장 중요한 역량이다. 교사가 되면 생활 패턴도 크게 달라진다. 지금은 코로나로 인해 학교생활이 많이 달라졌지만 내가 교사였을 때는 아침 8시 30분까지 등교해서 9시까지 아이들의 아침 자습을 지도했다. 그리고 40분 수업과 10분 쉬는 시간의 반복. 아이들 우유도 먹여야 하고, 점심시간도 챙겨야 했다. 그다음 오후 수업을 이어서 하고, 아이들이 하교하면 같은 학년 선생님들과 회의를 한 후 나머지 업무를 처리하는 것이 하루의 일과였다. 퇴근 후에는 모든 기력이 소진돼서 손가락 하나 까딱할 힘도 없었다. 스무 명이 넘는 아이들과 함께 보내는 일은 그만큼 에너지 소모가 컸다. 지금까지 해왔던 일들 중에 동일한 시간 대비 에너지 소모가 가장 큰 직업이었다.

업무 용어에 익숙해지는 것도 적응해야 하는 숙제였다. 기안? 상신? 결재? 처음에 들었을 때는 무슨 말인지 하나도 몰랐다. 교육행정정보시스템 'NEIS' 다루는 법도 배워야 했다. 학교에 업무가 많다는 것을 익히 듣긴 했지만, 직접 겪어 보니 때로는 수업에 집중하기 힘들 정도였다. 초등학교 선생님은 크게 학교 업무와 학년 업무를 맡는다. 내가 맡았던 학교 업무는 청소년 단체인 발명영재단을 창단하고 운영하는 일이었다. 발명영재에 관련된 모든 교육 과정을 구성하고, 체험학습을 계획하여 수업을 진행했다. 영재 업무에 딱히 관심이 없었지만, 맡을 사람이 없다는 이유로 막내였던 나에게 업무가 맡겨졌다. 정작 내가 해보고 싶었던 일은 영어 전담 교과 선생님이었는데, 원어민과 함께 우리 반 아이들을 담임으로서 지도해본 것이 전부였다.

또한, 사람 만나는 것을 피곤해하면 선생님이라는 직업이 힘들 수 있다. 스무 명이 넘는 반 아이들, 학부모, 동료 교사들과 끊임없이 부대껴야 하는 직업이다. 예전에 동네 목욕탕에서 우리 반 여자아이를 탈의실에서 마주치곤 민망한 적이 있었다. 그만큼 타의 모범이 되어야 하고, 품위 유지 또한 필요한 직업인 것이다.

가끔 아이들이 그리울 때가 있다. 매해 일기에 '선생님 사랑해요'라고 적어주던 제자들. 5년간 받은 편지들을 아직도 고이 간직하고 있다. 매일이 비슷할 것 같은 학교생활이지만 하루하루가 스펙터클했다. 하지만 순수한 아이들과 함께 했던 시간은 정말 행복했으며, 아이들의 사랑을 듬뿍 받는 선생님은 의미와 보람이 있는 직업이었다.

퇴사하기 전 나만의 울타리 짓기

"누나, 나 회사 스트레스 때문에 식도염, 위염, 장염 트리플 염증 걸렸어요. 출근하기가 너무 싫고 당장 그만두고 싶어요. 어떻게 생각해요?"

영어 모임에서 알게 된 동생이 내 의견을 물어왔다. 나는 아무런 준비 없이 직장을 갑자기 그만두고 사업이나 투자를 전업으로 하는 것에 반대한다. 당장 그만두면 며칠간은 속이 시원하겠지만, 앞으로는 어떻게 생활을 유지할 것인가? 나는 그 동생에게 가능하면 병가 휴직을 내고, 휴식을 가지면서 먼저 건강을 회복하라고 말했다. 또한 직장을 그만두기 전에 부업을 미리 준비한 후 '갈아타기'를 하라고 조언했다.

혼자서 일하면 자유롭지만 책임감도 함께 따라온다. 열심히 하는 것보다 중요한 건 꾸준히 하는 것이다. 혼자만의 힘으로는 멀리 나아갈 수 없다. 퇴사 전에 내가 하고자 하는 분야의 동지들을 찾아두어야 한다. 투자와 사업 관련 강의를 듣고, 스터디를 하면서 동지를 찾자. 사람들이 모이는 곳에는 특유의 에너지가 있다. 도서관에 가면 자연스럽게 책을 읽게 되고, 주점에 가면 떠들썩하게 놀게 된다. 혼자서만 일하다 보면 나태해지고 정보에도 뒤처지기 쉽다. 직장을 다닐 때에는 직장 동료들과 만날 수밖에 없지만, 프리랜서는 본인의 노력 없이는 철저히 고립될 수도 있다. 처음 퇴사를 할 때 가졌던 열정은 변하기 쉽다. 정말 일하기 싫을 때에도 직장인이 출근할 수밖에 없는 것은 외부의 강제성이 있기 때문이다. 나를 붙들어줄 환경과 동지를 구해 스스로를 경영하는 시스템을 퇴사 전에 구축해두자.

매월 일정한 수익은 필수이다. 기본 생활이 가능한 정도의 금액은 꾸준히 통장으로 들어와야 한다. 전업 투자를 하는 사람들 중에 고정적인 수익이 없는 사람들은 위기가 닥쳤을 때 헤쳐나갈 방법이 없다. 월급, 월세, 인세 등 고정적인 수익원을 미리 마련해두어야 한다.

직장이 있다는 건 비를 막아주는 지붕 아래에 있는 것과 같다. 사업을 하면 A4 용지, 볼펜, 클립, 스테이플러 등 사무용품 하나도 내 돈으로 사야 한다. 하다못해 프린트, 스캔, 복사, 팩스를 해야 할 때도 돈이 나간다. 이것뿐인가 대출도 직장이 있어야 잘 나온다. 급여 외에

부수적인 복지 혜택도 크다. 공무원의 경우 매년 15만 원 정도의 복지 포인트가 나오며 서점, 학원, 전통시장 등에서 사용이 가능하다. 각자 직장에서 제공하는 복리 후생 혜택을 돈으로 환산해보면 월급 외에 회사의 역할이 크다는 것을 느낄 수 있다. 또한 직장이 있으면 4대보험(국민연금, 건강보험, 고용보험, 산재보험)도 보장되고, 건강보험료도 직장가입자로 납부한다. 지역가입자로 납부 시에는 건강보험료 금액도 올라간다. 직장에서 교육을 받을 수 있는 혜택도 많다. 교사의 경우 각종 연수를 의무적으로 들어야 해서 연수원에서 제공하는 교육을 들을 수 있었다.

퇴사하기 전, 직장에서 내가 활용할 수 있는 모든 것을 적극적으로 활용하자. 그리고 나만의 울타리를 튼튼하게 짓자.

아무래도 난
보헤미안

보헤미안 : 속세의 관습이나 규율 따위를 무시하고 방랑하면서
자유분방한 삶을 사는 시인이나 예술가

대학생 때부터 여행의 매력에 빠졌다. 처음으로 여행을 떠난 곳은 홍콩과 태국이었다. 친구들과 방학 동안 다녀온 여행은 좌충우돌이었지만, 그 후로 나는 틈만 나면 어디론가 떠났다. 10년이 넘는 세월 동안 여행을 다녀온 나라를 세어 보니 55개국이 되었다. 여행을 하면서 얻은 건 정말 많지만, 첫 번째는 담대해졌다는 것이다.

"실패할 수도 있잖아. 그러니까 안정적인 길을 먼저 가고, 경제적인 기반을 만들어가면서 네가 원하는 꿈에 도전하도록 해."

대학을 들어갈 당시에 주변인의 조언에 따라 내가 정말 원하는 길

대신 안정적인 길을 택했다. 부모님을 위한다는 핑계 속에 숨은 진짜 이유는 내가 두려웠기 때문이었다. 불안하고 두려운 마음에 안정을 이루고 나서 내가 원하는 삶을 사는 게 옳다고 생각했다.

막연히 그려왔던 해외여행을 현실로 경험하며 두려움이 조금씩 사라졌다. 아무래도 외국에서는 고정된 틀을 벗어나니 생각이 자유로워졌다. 한국에서의 나는 목각인형처럼 누군가의 딸, 선생님, 실장님 등 보이지 않는 줄에 연결되어 있는 느낌이 들었다. 외국에서의 나는 그 누구도 아닌 나 자신이었다. 그 어떤 이해관계도 책임질 것도 없는 외딴곳에서 나는 진정 내가 원하는 것을 바라볼 수 있었다. 그리곤 깨달았다.

'두려움이라는 사슬로 나를 속박한 건 나 자신이었구나!'

이만큼을 이루어야 한다는 기준도, 책임감도, 두려움도 모두 내가 만들어 낸 감정에 불과했다. 편도 티켓을 가지고 무작정 떠나도, 치밀하게 계획을 세우지 않아도, 나는 굶주리거나 아프지 않았다. 하고 싶은 대로 하고 살아도 크게 잘못되지 않는다는 것을 몸으로 체득하고서야 두려움을 조금씩 놓을 수 있었다.

두 번째는 자신감이 생겼다. 자유여행은 도전이었다. 특히 기억에 남는 여행지는 인도다. 한 달간 배낭만 메고 떠났던 인도에서 나는 갖은 고생을 했다. 인도를 다녀온 후로는 어떤 나라를 가도 힘들었던 기억이 거의 없다. 공항에서 숙소로 향하던 첫날, 차선이라는 개념도 없이 도로에서 뒤섞여 달리는 릭샤(인도를 비롯한 동남아시아에서 주로 이용하는 교통수단), 인력거, 자동차, 심지어 동물들을 보았다.

"타지마할 앞에서 8일 12시에 다시 만나자."

인도 바라나시에서 여정을 함께 했던 수진 언니 모녀를 타지마할 앞에서 다시 만나기로 약속하고 기차를 탔다. 도착 시간 한 시간 전쯤 느린 2G 속도의 인터넷으로 현재 위치를 찍어보았다. 이럴 수가 아직도 3분의 1이나 더 가야 했다.

"이곳에서 기차 연착은 예사라고. 앞으로 8시간은 더 걸릴 거야."

그렇게 겨우 도착한 음식점에서 식탁을 닦던 걸레로 접시를 닦아 음식을 내놓았다. 갠지스강 근처에서 시체를 목격한 일, 길거리에 가득한 동물과 배설물들, 남루한 행색의 노숙자들이 뒤섞여 있는 충격적인 거리의 풍경은 너무나 익숙해졌다. 어딜 가도 눅눅했던 침대 시트, 설국열차를 연상케 했던 기차. 여행길에서 각종 돌발 상황은 계속됐다. 처음에는 너무 불편하고 짜증이 나서 왜 내가 사서 고생을 하는지 후회스러웠다.

'이것도 나의 선택인데...'

'이곳은 원래 이런 곳이고, 내가 간절히 원해서 온 곳이 아니던가?' 짜증은 계속해서 나의 여행을 망칠 뿐이었다.

"No problem(문제 없어)."

　인도 사람들이 "No problem"이라고 말을 할 때 솔직히 문제가 가득하다며 푸념했다. 그러다가 여행 말미에는 웬만한 일은 아무렇지 않게 넘기는 나의 모습을 볼 수 있었다. 역치는 자극에 대한 반응을 일으키는 데 필요한 최소한의 자극의 세기라고 한다. '나는 이 정도는 참을 수 있다, 해낼 수 있다'는 역치 값이 높아졌다. 고생을 많이 했던 여행이 오히려 오래도록 기억에 남았다.

　세 번째는 사고의 폭이 넓어졌다. 여행을 다니다 보면 유명한 성당이나 박물관 구경하기, 자연이 아름다운 곳에서 하이킹을 하거나 각종 액티비티 즐기기 등의 패턴이 반복된다. 장기 여행자들 중에 무얼 봐도 감흥이 없는 일종의 슬럼프에 빠져 중간에 귀국하는 경우를 종종 보았다. 관광지만 가거나 유희만을 위한 여행을 하면 사람이 넓어질 수는 있지만 '깊어지기'에는 한계가 있다. 한국인들의 여행은 일반적으로 그 나라에서 가장 유명한 곳들을 빠르게, 많이 경험하는 데 초점이 맞추어져 있다. 그래서 블로그를 보면 여행기가 다 비슷하다. 공항에 도착하면 기계적으로 유심칩을 사서 핸드폰에 끼우고, 숙소로 향하고, 숙소에 가면 정보를 수집해서 투어 예약하고, 다음 목적지로 향하는 교통수단 및 숙소를 예약하고, 사진 찍어둔 것을 정리하는 게 하나의 일상이 된다.

여행이 나를 바꾸었던 건, 다양한 삶을 사는 사람들을 만나서 그들의 삶을 들여다보고 기존의 내 생각들을 재조명한 순간들이었다. 예루살렘에서 8개월 머물며 책을 집필하던 자유로운 영혼을 가진 명상가 선생님. 에베레스트 등반을 가서 산사태를 겪고 죽을 위기를 넘긴후, NGO를 만들어 베트남 사람들을 도우며 지금은 미국에서 국제 개발을 공부하는 베트남 언니. 변호사 일을 하다가 시집도 내고 미술 전시도 하는 칠레 친구들. 인도 마더테레사 하우스에서 몇 년 동안 자원봉사를 하던 봉사자들. 다양한 문화권의 친구들과 이야기하며 그들의 정서를 경험하니, 한국에서 당연하게 생각했던 것들에 질문을 던지게됐다. 한국의 인구가 많은 것도 아니고, '전 세계 인구 대비 몇 퍼센트에 불과한 소수의 생각이 아닐까?'라는 의문을 던지며 객관적으로 상황을 관조하게 됐다. 사고가 유연해지고 시야는 넓어졌다.

네 번째는 순수한 우정과 인류애를 회복했다. 여행 중 사회적인 지위나 이해관계를 떠나 많은 사람들의 도움을 받았다. 국적도 언어도 나이도 모두 달랐고, 아주 긴 시간을 함께한 것은 아니지만 지금도 그들과 영혼은 연결되어 있다는 느낌을 받는다. 4년 전 인도에서 만난 폴란드 친구를 폴란드에서 다시 만났던 것. 요르단에서 만났던 일본 친구를 파리에서, 뉴욕에서, 그리고 태국에서 우연히 다시 만났던 것. 어떤 우연의 끈이 우리를 이어주는 것만 같았다.

한국에서는 친구의 경계가 명확하게 정해져 있었다. 하지만 전 세계의 친구들을 사귀면서 인간관계에 대한 고정관념 역시 많이 바뀌었다. 문화의 배경이 다르기 때문에 그들과의 대화에서 깊은 통찰과 아이디어를 얻을 수 있었다. 그것이 내 삶을 바꾸는 단초가 되기도 했다. 사업과 투자를 하면서 늘 목적의식과 이해관계에 얽힌 명함 주고받기 식의 인간관계에 지쳐 있었다. 한국에서는 여유가 없고, 성공(돈을 많이 버는 것)만을 위해 달리지만 결국 부유한 사람들도 행복하지만은 않은 것을 많이 보았다. 여행을 하며 내게 중요한 가치들을 곰곰이 다시 사색해보았다. 중남미 친구들은 "MI CASA ES TU CASA(나의 집은 너의 집)"라며 손님을 가족처럼 대한다. 한국에 돌아오니 그 시간이 더 귀하게 느껴진다. "니는 영감을 주는 사람이야"라며 나의 자신감을 북돋아주던 여행길의 친구들이 무척이나 그립다.

다섯 번째는 나를 더 깊이 이해하게 되었다. 여행을 하면서 내가 무엇을 좋아하고 잘하는 사람인지 더 잘 알게 됐다. 완전히 다른 환경에서 새로운 사람들을 만나면서 나도 몰랐던 나의 새로운 모습들을 발견하게 됐고, 스스로에 대한 고정관념도 많이 깨졌다. 중남미로 여행을 가기 전에는 왠지 위험할 것 같고, 나랑은 잘 맞지 않을 것 같다는 막연한 두려움이 있었다. 그러나 막상 가장 기억에 남는 여행지가 중남미다. 그 이유를 곰곰이 생각해 보니 내가 따뜻한 사람들과 많이 웃고 정을 나누는 걸 가장 좋아하는 사람이었던 것이다. 바르셀로나에 처음 갔을 때와 두 번째로 갔을 때, 나의 선호도가 판이하게 달라졌다. 이런 경험을 통해 과거의 나와 현재의 나를 비교하며 어떻게 변했는지를 알 수 있었다. 또한 여행지에서 승마, 하이킹, 쿠킹 클래스, 티 클래스, 각종 음식과 아름다운 공연 등을 경험하면서 나만의 고유한 취향을 발견할 수 있었다.

여섯 번째는 인생에서 힘들었던 시간들이 정화되었다. 여행하며 마주했던 많은 기억들이 삶을 지탱하는 버팀목이 되어준다. 우유니 사막에서 느꼈던 대자연의 감동, 이집트에서 펼쳐졌던 밤하늘, 광활했던 사막, 스쿠버 다이빙을 하면서 보았던 바닷속 또 다른 우주. 여행에서 얻은 숱한 추억들이 삶의 힘든 순간을 버티는 힘이 되어준다.

'해외여행을 꼭 다녀와야 하는가?' 물론 아니다. 해외여행보다 더 중요한 건 일상이 행복한 것이다. 가정이 화목하고, 내 일이 있고, 경제적 기반이 어느 정도 있어야 삶이 안온하다. 그렇다면 '해외여행은 다녀올만한 가치가 있는가?'라고 묻는다면, 가치가 있다고 답하겠다. 바다에 가보지 않은 사람이 바다를 묘사한 글을 읽는다고 해서 바다의 느낌을 온몸으로 알 수 없다. 여행 이후 그 장소를 묘사한 글이나 영상을 보면 나에게는 그곳의 소리, 냄새, 풍경, 사람들과의 기억들이 녹진하게 떠오른다. 또한 사람 사는 곳은 어딜 가나 비슷하니, 지금 내가 있는 이곳의 이 순간이 가장 소중하다는 것도 깨달았다.

여행은 인생의 많은 부분과 닮았다는 생각이 든다. 인생이 선택의 연속이듯 여행도 선택의 연속이다. 다만 여행지에서는 나의 선택으로 인해 만들어지는 미래를 즉각적으로 경험할 수 있다. 여행을 하는 이유는 다양하다. 내면의 무언가를 찾고 있을 수도, 먼 곳 어딘가에 알 수 없는 그리움과 동경을 갖고 있을 수도, 혹은 도피나 쾌락의 충족일 수도 있겠다. 11년 동안의 여행을 돌아보면 순간순간의 나의 모습은 참 많이 다르다. 파노라마처럼 스쳐가는 기억 속의 나는 앨범 속 사진들처럼 지금과 다른 모습이지만, 그도 나이고 지금의 나도 나이다. 여행과 함께 성장해 온 지금의 나를 사랑한다. 당신에게 여행은 어떤 의미인가? 어디론가 떠나고 싶은가? 여행을 사랑하는 한 사람으로서 언젠가 떠날 당신을 응원한다.

"아무래도 난 보헤미안이야."

인생에는
목적지가 필요하다

인생에는 목표가 있고 목적이 있다. 목표는 무언가를 성취하려는 과업이고, 목적은 내가 어떻게 살아가야 하는지 충분한 고민을 한 끝에 도출한 삶의 방향성이다. 목적이 분명한 삶에서 도출된 목표를 좇는 것과 단순히 목표를 좇는 삶에는 큰 차이가 있다. 수능을 잘 쳐서 좋은 대학을 가야겠다는 것에 무슨 목적이 있었던가? 부모님의 기대를 충족시키고 싶어서, 경쟁자를 이기고 싶어서, 대학 생활을 즐기고 싶어서가 이유였는가. 수능을 치르고 'SKY'를 들어가기 위해 가장 낮은 점수의 학과에 지원하는 사람을 본 적이 있다. 좋은 대학을 가기만을 원했다면 그 사람은 목표를 이룬 것이다. 하지만 그 이후에 어떤 삶을 살아갈 것인지에 대한 인생의 목적이 없다면 대학을 다니면서도 계속해서 방황하게 된다.

목표만 있는 삶은 목표를 성취한 후에 공허함이 찾아온다. 결승점만 바라보며 전력 질주 했는데, 막상 결승점에 도착해서는 무엇을 해야 할지 모른다. 수능을 준비할 때에는 대학 입학이 목표였다. 하지만 대학에 입학하고 나니 뭔가 의미 없는 하루하루를 사는 기분이 들었다. 목표를 향해 열심히 뛰어서 골인 지점에 들어왔는데, 그 이후에 뭘 해야 할지 몰라서 '다른 공부를 해서 자격증이라도 취득해야 하나?' 하는 고민이 들었으니 말이다. 대학교 4학년이 되니 임용고시 합격이 나의 또 다른 목표가 되었다. 임용고시에 합격하고 교사가 되니 그제서야 내가 어떤 사람인지, 무엇을 해야 할지, 어떻게 살아야 할지에 대한 고민이 들었다. 임용고시만 끝나면 이제 내 인생에 다시 시험이라는 건 없을 거라고 생각했는데, 막상 목적지가 없으니 인생의 방향을 잃고 헤매게 되었다.

인생의 정확한 목적지가 없이 목표만 좇다 보면 수능 이후에는 취업, 취업 이후에는 결혼, 결혼 이후에는 아이를 낳아 기르는 삶을 살아야 한다는 주변의 목소리를 따르게 된다. 마치 어딘가로 향하는 기차를 타고 그 역에 도착하면 행복할 것 같지만, 또다시 새로운 역을 향해 나아가는 과정을 반복하는 기분이랄까. 이런 경우 현재보다는 목표를 달성한 이후의 삶을 바라보기 때문에 지금 이 순간을 즐기기 어렵다. 목표를 달성한 이후에도 목적지가 없기 때문에 방향을 잃고 또다시 헤매게 된다. 반면 목적이 있는 사람은 전체를 조망하며 자신의 목표들을 적절히 배치한다. 자신이 가고자 하는 길의 방향이 명확하다. 비록 도착이 늦어질지라도 그 길을 걸어가는 과정을 즐긴다. 인생은 속도보다 방향이라고 하지 않던가.

목적은 하루아침에 생기지 않는다. 목표를 이루어가는 과정, 인생에서 이런저런 경험을 하는 과정에서 서서히 만들어진다. '어떻게 살 것인가'에 대한 자신만의 답을 계속해서 내려보자. 그럼 내가 원하는 삶이 조금씩 구체화된다. 대학 생활, 교사 생활, 사업가, 투자가, 여행가 등 다양한 분야를 접하면서 나만의 목적이 만들어졌다. 삶의 각 단계에서 새로운 경험을 마주하고, 그에 따라 생각이 바뀌면서 목적은 중간중간에 바뀔 수도 있다. 하지만 바다로 흘러들어가는 강물처럼 지향하는 궁극이 있다. 내가 태평양을 향해 가야 하든, 대서양을 향해 가야 하든 목적지가 있다는 것은 망망대해를 표류하지 않아도 된다는 것을 의미한다.

지금 나의 삶의 목적은 주체적으로 살아가는 삶.
현실적인 이상주의자가 되기.
진정한 나로 살아가는 것이다.

나만의 목적지로 가는 것에서 오는 기쁨을 알기에 나는 지금 이 순간도 행복하다. 이를 위해 수립한 중간 목표들은 경제 활동, 사회 활동, 자아실현, 인간관계로 나누어 구체화했다. 목적을 좇는 삶은 급하지 않다. 내가 어디로 가야 하는지 알기 때문이다.

목적을 명확히 세우고 싶다면 자신만의 갭이어(Gap Year : 학업을 잠시 중단하고 자신이 하고 싶은 활동을 하며 흥미와 적성을 찾는 1년의 기간)를 가지는 것을 추천한다. 내가 하고 싶었던 것들을 해보면서 어떻게 살아야 할지 생각하는 일 년의 시간을 갖는 것이다. 독일 친구가 대학에 입학하기 전, 일 년 동안 에콰도르에서 봉사활동을 했던 이야기를 들려주었다. 유럽 친구들이 부러운 것은 자기가 하고 싶은 일을 도전해볼 수 있는 기회가 더 풍부하다는 점이다. 국가에서 지원해 주는 사업도 많아서 고등학교 졸업 이후 일 년 동안 다양한 체험을 해본다고 하였다. 내가 교사가 된 후에 뒤늦은 오춘기를 겪었던 것도 갭이어가 부재했기 때문이었다.

갭이어가 꼭 일 년일 필요는 없다. 나는 교사 3년 차를 앞두고 한 달간의 인도 여행을 떠났다. 교사 생활에 어느 정도 적응은 했지만, 아직도 정신적인 오춘기를 겪고 있었고 어디론가 떠나고 싶었다. 인도 여행은 여름철 이열치열로 땀을 빼는 것처럼, 나의 정서적 독소를 빼주었다. 나는 인도 콜카타의 마더테레사 하우스에서 봉사를 했다. 영화 〈슬럼독 밀리어네어〉가 생각나는 빈민가 근처에 위치한 봉사 장소는 코를 풀면 까만 먼지가 나올 정도로 매연이 심하고 열악했다. 깨끗하지 않은 물을 마시고, 뎅기열이 걸릴 수도 있는 그곳에서 몇 년을 머무르며 봉사를 하는 봉사자들을 보니 '삶을 저렇게도 살 수 있구나'라는 생각이 들었다. 그들에게는 집 평수를 넓혀가고 외제차를 사는 것보다 사람을 살리는 일이 훨씬 더 가치로우니, 그곳에서의 삶을 선택했을 것이다.

갭이어가 아니더라도 다양한 경험을 해봤으면 좋겠다. 아르바이트를 하든, 창업을 하든, 연애를 하든, 여행을 다니든 나의 모든 경험은 연결된다. 내가 교사를 그만두었다고 교사 시절에 배웠던 것들이 사라졌을까? 학급을 경영하는 방법, 학생 및 학부모와 상담했던 경험, 사람들을 리드하는 방법, 사람들 앞에서 강의하는 방법 등 모든 경험이 내 안에 오롯이 녹아 있다. 앞으로 무엇을 하든 내가 몸으로 겪어낸 것들은 대체할 수 없는 소중한 나만의 자산이다. 스티브 잡스가 'Connecting the dots(모든 경험은 미래로 연결된다)'라고 하지 않았던가.

아이슬란드 워크캠프에서 만났던 멕시코 친구 미겔은 20대 중반으로 어학원에서 일하고 있었다. 어학원에서 일하면서 더블린 및 중남미의 여러 지역으로 출장을 다니며 일을 배우는 중이었는데, 그의 목표는 자신의 고향에 어학원을 세우는 것이었다. 평소에 언어를 배우는 것을 좋아하고, 지역 경제를 살리는 데 도움이 되고 싶다고 하였다. 대학생 때부터 자신이 활동하고 싶은 나라의 언어를 배우고, 교환학생도 하며 모든 경험을 연결해서 자신만의 어학원을 세우고자 했다. 또한 스페인어를 배우러 오는 외국 학생들에게 문화 체험을 제공하는 관광 상품까지 연결할 계획을 갖고 있었다.

이렇게 자신만의 꿈을 분명히 그리며 차근차근 준비하는 친구들을 보면 나도 나만의 철학을 가지고 열심히 살아야겠다는 생각이 든다. 소위 명문대에 입학해야 하니까 공부를 하고, 때가 되면 결혼하는 그런 인생 말고, 나만의 목적지를 가지고 그곳으로 걸어나가는 인생을 살아보자.

Q. 나만의 인생 목적지를 정해보자.

_____

_____

_____

Q. 목적지로 가기 위한 이정표들을 세워보자.

_____

_____

_____

위기가 온다면 언제든 'REBOOT'

　나만의 삶을 개척하겠노라 다짐하고 학교를 그만두었다. 그런데 2020년 1월, 갑자기 코로나가 찾아왔다. 2016년 인생의 전환점이 되었던 위기들이(사기 사건, 건강 악화, 소중한 사람의 죽음) 찾아온 것만큼이나 큰 놈이 나를 덮쳐왔다. 외국을 원하는 때에 자유롭게 드나들며 일하기 위해 공무원을 그만둔 거였는데 출국이 어려워졌다. 연인과 이별했고, 회사는 영업을 못 하게 되어 매달 적자를 감당하며 비축해둔 자금으로 버텨야 했다. '신께서 내 날개를 다 꺾어버리려고 작정을 하셨나…'란 마음이 올라올 만큼 힘든 일들이 줄지어 터졌다.

　상황을 바꿀 수 없다면 나를 바꿔야 한다. 내가 같은 실수를 반복하는 것이라면 나를 되돌아볼 줄 알아야 한다. 원인이 내가 아니라 외부적 요인이라면 받아들여야 한다. 기쁜 일이든 슬픈 일이든 모든 것은 결국 지나간다. 원망, 슬픔, 분노의 마음 등으로 감정 소모를 한다고 문제가 해결되지 않으며, 지치는 것은 결국 나다. 곰곰이 생각해 보니 이 상황이 나쁘지만도 않았다.

자, 생각을 전환해보자.

1. 코로나가 종식되면 언젠가는 다시 해외로 나갈 수 있다. 순서를 바꾸는 것뿐이다. 해외에서 할 수 있는 일들은 잠시 미루자. 지금은 한국에서 나의 기반을 더 다질 수 있는 기회이다.

2. 안정적인 투자로 포트폴리오를 재정비한다. 경제 위기가 닥치거나 하락장이 왔을 때에도 살아남을 수 있도록 미리 준비하는 것이다.

3. 기존에 하던 일들을 디지털 노마드 방식으로 계속 바꿔나간다. 그리고 새로운 일도 시작해본다.

이상하게도 이런 위기 상황에서 마음이 편안했다. 또한 위기가 닥치면서 가족들과는 더 끈끈해졌다. 예전에 정말 모든 것을 다 잃었던 경험이 있어서 '지금은 그래도 예전보다는 훨씬 낫지 않은가'라는 생각이 들었다. 땡전 한 푼도 없이 7평 남짓의 원룸에서 살 때도 있었고, 하루에 12시간을 앉아서 공부만 하던 시절도 있었다. 너무나 당연했던 모든 일상이 사려졌고, 가진 것에 더 감사하며 소중히 여기는 마음을 가지게 되었다. 정말이지 나쁘지 않았다.

모든 일이 원하는 대로 풀릴 때도 있지만, 그렇지 않을 때가 더 많다. 인생을 살아가면서 앞으로도 리부트를 해야 하는 순간은 종종 찾아올 것이다. 쉽지 않을 것을 알고 있었고, 순탄하지 않을 것 역시 알고 있었다. 다만 내가 할 수 있는 일은 주어진 상황에 최선을 다하고 위기를 기회로 바꿔가는 것뿐이다.

김미경 저자의 『김미경의 리부트』라는 책을 읽었다. 이 책에서는 코로나 이후의 사회가 4가지 키워드로 설명된다고 한다. 코로나 이후의 '생존 공식'은 4가지다. 비대면·비접촉의 언택트 시대에 온라인을 통한 '초연결 사회'를 만드는 '온택트On-tact', 4차 산업혁명을 일상으로 이끌어내는 '디지털 트랜스포메이션Digital Transformation', 조직에 연연하지 않고 자유롭고 독립적으로 일하는 미래형 인재 '인디펜던트 워커Independent Worker', 일과 사업을 안전한 형태로 바꿔서 브랜드 가치를 더해주는 '세이프티Safety'. 이 4가지 생존 공식과 지금 내가 하는 일을 연결해 생각해 보고, 위기를 기회로 전환할 리부트 시나리오를 써볼 것을 제안한다.

Q. 나의 리부트 시나리오

- 더 독립적인 디지털 노마드로 거듭난다.

- 출국하지 못하는 기간 동안 SNS 마케팅을 배우고 책을 출판한다.

- 부동산 관련 강의를 듣는다.

- 투자 포트폴리오를 정비하고 재구성한다.

- 온라인으로 일할 수 있도록 네트워크 시스템을 더 촘촘하게 구축한다.

Q. 당신의 리부트 시나리오

-

-

-

-

-

결핍은 나의 힘

내가 어릴 때부터 우리 아빠는 '환자'였다. 내가 아기 때에 신장 이식을 받으셨다고 한다. 신부전증으로 고혈압, 당뇨 등 잔병이 그칠 날이 없었다. 그래서 우리집에는 항상 대학 병원에서 처방받은 약 봉투가 있었다. 초등학교 저학년 때 아빠의 화장품 사업이 동업자의 배신으로 망했다. 무서운 아저씨들이 집에 들어와서 빨간 압류 딱지를 마구잡이로 붙였다. 사업이 망하고 아빠는 무기력하게 누워만 계셨다. 사업 실패 후 대학교 졸업장은 큰 의미가 없어 보였다. 엄마는 사범대를 나와 안정적인 교사가 되지 않은 것을 후회하셨다. 유년기에는 할머니의 도움을 받아 중산층으로 시작했지만, 사업 실패 후 10년간은 가정 형편이 어려웠다.

'비뚤어지는 것도 믿는 구석이 있어야 할 수 있는 거 아닌가?'

내가 비뚤어지면 고생하는 건 우리 엄마다. 탈선도 나에겐 사치였고, 나의 소중한 삶을 망치고 싶지 않았다. 고등학교 때 전자사전이 갖고 싶다고 말씀드렸는데, 부모님께서 전자사전과 새 스탠드를 없는 형편에도 선뜻 사주셨다. 논술 학원에 다녀야 한다고 할 때에도 만만치 않은 학원비를 선뜻 내주셨다. 그건 그냥 돈 몇십만 원이 아니라 사랑이라는 것을 알았다. 그래서 최선을 다할 수밖에 없었다. 내게는 어느 것도 그냥 주어진 적이 없었다. 결핍되었기에 간절할 수밖에 없었다.

가난에도 종류가 있다. 나는 먹을 게 없어서 굶주리는 정도의 절대적 빈곤은 아니었지만, 비싼 신발과 가방, 과외같은 것은 생각지 못하는 상대적 빈곤을 겪었다. 정부에서 아빠 병원비를 지원받았고, 과외 한 번 받지 못했다. 그래도 좁지만 집이 있었고, 가족들이 있었다. 내가 교육을 전공하고 싶었던 이유는 교육을 통해 사람들의 삶이 나아질 수 있기 때문이었다. 나를 잘 모르는 사람들은 나의 첫인상을 보고 '외동딸 혹은 막내딸 같다', '사랑을 많이 받고 자란 것 같다'는 이야기를 한다. 그러면 속으로 '나는 책임감 강한 장녀인데?!'라는 생각을 한다. 어렸을 때에는 어린 마음에 어려운 집안 사정을 남들에게 이야기하기 싫었다. 가난한 사람뿐만 아니라 부유하게 자란 사람들도 결핍이 있다는 것을 커서야 알았다. '부모님이 자기를 위해 희생한 게 뭐가 있냐고, 누릴 걸 다 누리면서 기대만 했다'고 하더라. 모두들 각자의 사정과 상처가 있는 법이다. 저녁을 먹고 엄마와 남동생과 침대에 누워 두런두런 이야기를 나누던 시간은 나에게 너무나 행복한 기억이다. 엄마의 삶과 맞바꾼 게 나와 동생이었다. 그때 나는 사람들이 가난해서 불행한 게 아니라는 것을 알았다. 결핍의 상황에서 더 끈끈해지는 경우도 많다. 너무 풍요로울 때에는 나태해지기도 쉽다.

리얼리티 쇼 〈The Real Housewives of Beverly Hills〉를 보면 비벌리힐스의 호화로운 고급 저택에 사는 주부들의 삶이 나온다. 전용기를 타고 여행을 다니고, 4명의 보모를 둔 남들이 모두 동경하는 삶이다. 과연 그들의 삶은 행복할까? 이혼, 마약 중독, 우울증 등 나름의 고통을 겪는다. 사람이 살면서 겪는 고통의 총량은 비슷한 것 같다. 네 명의 자식을 키우며 사업을 하셨던 외할머니는 젊은 시절에는 고생하셨지만 지금은 최고의 노년을 보내고 계신다. 네 명의 자식 모두 훌륭하게 잘 커서 효도를 하며 가정이 화목하다. 내가 어렸을 때 우리 아빠는 어렵게 큰 아이들이 더 큰 사람이 된다고 이야기하셨다. 그때에는 그 말을 듣고 원망했다. 하지만 지금 생각해 보면 틀린 이야기는 아닌 거 같다. 원망하는 마음을 가슴속에 품은 채로 피해 의식을 가지며 사는 것은 결국 나 자신의 손해이다.

결핍은 축복이다. 나의 블로그 이웃 중에 경제적 자유를 이루어 일찍 은퇴한 분이 있다. 그분은 은퇴를 하고 3년 동안 지내며 '은퇴 공식'이라는 것을 직접 경험했다고 한다. 여기서 은퇴자들이 말하는 '은퇴 공식'은 이렇다. 은퇴 후 1년은 즐겁고, 2년이 되면 무료하고, 3년이 되면 존재감을 잃게 된다는 것이다. 자유를 만끽하며 하고 싶은 것을 마음껏 다 하지만, 점차 무료해지는 것이다. 지인들 대부분 한창 일하고 있을 시간이니 연락하기도 어렵고, 헬스장 선생님들만 자신을 반겨줄 뿐이다. 만날 사람도 없고 딱히 갈 곳도 없으니, 갑자기 무엇을 해야 할지 몰라서 헤매는 순간이 찾아온다. 모든 일에는 다 장단점이 있고, 그것을 잃어봐야 소중한 점을 깨달을 수 있다. 직장이 단순히 월급만을 주는 곳은 아니라는 것이다. 그래서 지금 그분은 오전에는 일하고, 오후에는 자유를 누리는 '반퇴 라이프'를 사신다. 일을 하기 때문에 휴가가 달콤한 것이다.

결핍과 고통이 없는 삶은 존재하지 않는다. 지금 힘든가? 어떻게든 지나갈 것이다. 사실 누구에게나 결핍과 고통이 있다. 그러니 힘을 내자. 아무리 힘든 일도 시간이 지나면 괜찮아진다. 언젠가 지금을 돌아보면서 그때의 결핍과 고통이 있었기 때문에 지금의 내가 있다고 담담하게 이야기할 수 있을 것이다. 어제보다 조금 더 나은 오늘이 되면 된다. 결핍과 고통은 당신을 성장시킨다. 결핍을 이겨내고 앞으로 나아가는 당신의 모습은 세상에서 가장 아름답다.

2장

20대에
임대인이 되다

4년 동안 모은
돈을 날리다

    몇 년이 지난 지금은 이 사건을 터닝 포인트로 삼아 더 나은 삶으로 변화했다고 생각하지만, 내가 인생에서 겪은 가장 쓰라린 사건을 이야기해보려 한다. 대학 시절 4년을 함께 보낸 친구가 동아리 오빠(A라고 칭하겠다)의 권유로 투자를 시작했다며 나에게도 투자를 추천했다. 나도 A와 함께 동아리 활동을 한 학기 정도 했었고, 그는 동아리 회장을 지냈던 사람이었다. A의 부인과도 안면이 있었고 그를 함께 아는 사람도 여럿이었다. 그 당시 나는 교사 생활 4년 차였다. 재테크 공부를 해보려고 시도했던 때였지만, 사실 아는 바가 거의 없었다. 내 친구가 몇 개월 동안 A를 통해 투자해서 수익금을 벌고 있었으니 몇 달만 단기로 투자해도 나쁠 게 없다고 생각했다.

    "나도 이 상품에 투자하고 있어. 해외투자하는 상품이고 수익률도 괜찮아. 오죽하면 가족에게도 추천하겠니?"

A는 여러 복잡한 금융 용어를 쓰며 자신도 이 상품에 투자하고 있다고 나를 설득했다.

'꼼꼼한 내 친구가 믿고 투자했으니 3달 정도는 투자해도 괜찮지 않겠어?'

가볍게 생각했다. 친구를 믿고, A를 믿고, '사람을 믿고' 투자한 나의 큰 실수였다. 처음 몇 달은 이자도 들어오고 수익률도 괜찮았다. 계약 기간이 끝나고 투자 원금을 돌려달라고 하자 회사에 사정이 생겼다며 A는 차일피일 송금을 미뤘다. 불안감이 엄습했다. 한 달여가 지나 A는 자신도 피해자라며 알고 보니 회사가 유사수신업체라고 했다. 일종의 폰지 사기(피라미드식 다단계 사기 수법)였다. 폰지 사기란 실체가 없는 상품에 투자를 권유한 후 투자자들의 돈으로 돌려 막는 식의 사기이다. 순식간에 나의 4년간의 땀과 시간이 담긴 돈이 날아갔다. 너무 분하고 정신적인 충격이 컸다.

내가 할 수 있는 일은 법적 분쟁이었다. 회사와 직접 관계를 맺은 것이 아니라서 A를 상대로 소송을 진행해야 했다. 변호사 사무실 몇 군데를 돌아다니며 상담을 했고, 법률구조공단을 찾아갔다. 아는 언니가 변호사, 검사 지인을 소개해줘서 상담을 받다 보니 어느새 고소장이 완성돼 버렸다. 경찰서로 찾아가 직접 고소장을 접수하는데, 변호사가 썼냐며 소장을 잘 썼다는 칭찬에 그저 헛웃음만 나왔다. 소송에는 형사 소송과 민사 소송이 있는데, 나의 경우에는 민사 소송에서 이기려면 형사 소송을 먼저 이겨야 했다. 고소 결과를 기다렸지만 결과는 증거 불충분으로 불기소 처분이었다. 사기죄가 성립하려면 첫 번째 고의로, 두 번째 상대방을 기망하여, 세 번째 금전적 이득을 취했음을 입증해야 한다. 하지만 A도 자신이 투자한 계좌 이체 내역을 증거로 제출하여 고의인 점을 부인했다.

함께 투자했던 친구와 지인들도 소송을 진행하려고 했지만 회사 대표 앞으로는 남아 있는 재산이 없었고, 소송에 시간과 돈을 소비해도 채권 추심 과정에서 돈을 찾기란 어렵다는 결론이 나왔다. 소송이 쉽지 않을 것이란 건 알고 있었다. 그래도 수업료라고 생각하고 소송하는 법이라도 배워야겠다고 생각했는데, 결국은 이렇게 끝이 났다.

오기가 생겼다. 내가 이만큼의 돈을 한 달에 번다면 이렇게까지 슬프고 원통하지는 않았을 것이다. 이 분노의 에너지로 더 많은 돈을 벌어야겠다고 생각했다. 지금까지 불편함을 억누르면서 공무원 생활을 이어가던 나의 삶을 바꿔야겠다는 생각도 들었다. 투자와 사업 공부를 시작한 결정적인 터닝 포인트였다.

더불어 몇 가지 혹독한 교훈을 얻었다. 첫째, 투자는 철저히 내가 분석하고 판단해서 해야지 절대로 사람을 믿고 하는 게 아니다. 둘째, 사기는 생판 모르는 남보다 가까운 사람에게 당하는 경우가 많다. 심지어 A의 부모와 친구들도 A의 잘못된 판단으로 돈을 잃었다. 셋째, 내가 누군가를 통해 투자를 했을 때 그 사람이 얻는 금전적 이득이 있다면 그 사람의 말을 철저히 걸러 들어야 한다. 넷째, 현재의 행복을 미래로 미루는 마시멜로 이론 같은 건 따르지 말자. 그렇게 4년 동안 모은 돈을 한 번에 날리고 나니, 나는 더욱 내 욕구에 충실하게 현재를 살아야겠다는 다짐을 했다.

치열하게 내가 무엇을 하고 싶은지, 무엇을 잘하는지, 무엇을 해야 할지 고민했다. 유독 그 해에 힘든 일이 많았다. 4년 동안 모은 돈을 모두 날린 사기 사건 외에도 소중한 사람의 죽음을 겪었고 나의 건강도 잃었다. 삶에 전반적인 전환이 필요하다는 생각에 여러 분야의 책을 읽고, 강의를 찾아 들으며 해결책을 연구했다. 어차피 죽으면 모두 놓고 갈 돈이니 큰돈을 모아야겠다는 생각은 없었지만 내 앞가림을 할 정도는 똑똑하게 벌어야겠다고 생각했다. 현대사회에서 돈은 자유를 준다. 돈은 하고 싶은 것을 하기 위해서도 중요하지만, 하기 싫은 것을 하지 않기 위해서 더욱 중요하다. 사기 사건을 계기로 나는 앞으로의 삶은 시간과 돈에서 자유롭고, 하고 싶은 일을 하면서 살아야겠다고 단단히 마음을 먹었다. 투자가와 사업가의 길을 가기 위해 공부하며 하나둘씩 실행에 옮겨나갔다.

사업의 세계에 입문하다

　23살이라는 어린 나이에 일을 시작했지만, 사실 나는 돈에 큰 관심이 없었고 물욕도 많지 않으며 생활력도 뛰어난 편이 아니었다. 사업의 '사'자와도 관련이 없는 삶을 살 줄 알았다. 오히려 어렸을 때는 돈보단 명예가 중요하고, 높은 관직에 오르고 싶다는 생각을 했다. 주요 관심사도 교육 분야와 국제적인 분야였다.

　그랬던 내가 사업의 세계에 발을 들인 것은 정말 우연한 계기였다. 어린 시절 우리집은 학원, 숙박업, 오락실, 미용실, 화장실 사업 등 다양한 사업을 했지만 하나같이 전부 실패했다. 그래서 '사업은 어렵고 피해야 할 것'이라는 인식이 있었다. 외삼촌이 레스토랑, 클럽, 카페 등 F&B(Food and Beverage) 분야의 사업을 하며 회사를 확장시키는 것을 대학교 1학년 때부터 지켜보았지만 나에게는 다른 세상의 일이었다. 그랬던 내가 사기 사건 이후 돈에 대한 간절함이 생기면서 사업과 투자 공부를 시작했다. 그러다 보니 보안 업체, 인터넷 업체 등을 중개하는 방법이 있다는 것을 알게 됐다.

레스토랑에서 밥을 먹으면서 '이 가게는 한 달에 얼마나 벌까?'란 의문을 품어본 적이 있는가? 테이블 회전율이 높고, 손님이 많다면 당연히 많은 돈을 벌 수 있지만 그만큼 고정적인 지출을 줄이는 것도 중요하다. 삼촌이 매장을 여러 개 운영하고 있으니 보안 업체(ADT캡스) 비용을 한번 상담해 보는 것도 괜찮겠다는 생각이 들었다. 보안 업체 상담 결과는 놀라웠다. 내가 중개했던 업체가 대기업인데도 불구하고 기존에 지출하던 비용의 절반가량을 줄일 수 있었다. 인터넷, TV, 전화 요금 등도 상담을 받고 가격을 깎아 보니 비용이 절반 이상 줄어들었다.

마침 외삼촌 회사의 재정 관리를 해주던 지인이 일을 그만두면서 재정 관리를 해달라는 요청을 받았다. 우선 회사의 지출을 줄이는 게 좋을 것 같아 자금 흐름을 체크해 보았다. 4대보험 및 세금 내역을 체크하고, 비용을 절감할 수 있는 방법을 찾다 보니 '중소기업 경영 컨설팅'이 있다는 것을 알게 되었다. 그곳에 의뢰해서 컨설팅을 받았고, 비용을 절감하여 수십억의 금액을 줄일 수 있었다. 이 일을 계기로 사업을 본격적으로 배우기 시작했다.

신세계였다. 만나는 사람의 영역이 넓어지면서 사고방식 등 모든 것들이 송두리째 뒤바뀌었다. 교사로 근무할 때에는 동료 교사, 학생,

학부모, 친구들과의 만남이 대부분이었다. 하지만 사업의 세계에 들어가니 기존에 알지 못했던 영역의 사람들을 만나게 됐다. 회사 내에서는 다양한 직무의 직원들, 회사 밖에서는 세무사, 회계사, 노무사, 동종 업계 종사자 등과 미팅을 하게 되었다.

내가 제일 중점적으로 봤던 것은 재무 자료였다. 일일 자금계획표, 주간 자금계획표, 월말 결산 자료 등을 보고 잘못 쓰인 돈은 없는지 사용처를 체크하며 고정비를 최소화시켜나갔다. 재고관리 실사를 가서 매월 재고를 체크했으며, 임금 협상 등의 중요한 일이 있을 때에는 인사 자료를 검토하여 기존에 있었던 복지 제도, 인센티브 제도 등을 수정했다. 회사 홈페이지 수정을 직접 해보기도 하고, SNS와 블로그 등을 활용한 마케팅도 고민해보았다. 이렇게 좌충우돌 다양한 업무를 해나가며 나는 사업의 세계에 입문했다.

사업은 공부할 게 정말 많았지만, 흥미로웠고 앞으로 내가 할 일에 자양분이 될 거라 생각했다. 누군가 알려주는 사람이 없었기 때문에 직접 책을 찾아 읽고, 강의를 듣고, 세미나에 참석했다. 처음에는 아예 회사 경영 업무로 길을 틀어야 할까란 고민도 했지만, 본업으로 삼기보다는 내가 할 수 있는 범위에서 해나가면서 나만의 분야를 구축하고 싶었다. 국제적으로 나아가 사람들의 삶에 선한 영향을 끼치는, 교육과 관련된 일을 해야겠다는 꿈이 단단히 잡혀 있었고 무엇보다 나는 '자유'가 중요했다. 그래서 사업을 본업이 아닌 부업으로, 대부분의 업무를 온라인으로 언제 어디서나 일을 할 수 있도록 디지털 노마드 업무 방식으로 바꿔나갔다.

사업의 세계를 경험해보니 직장인과 장단점이 명확히 비교되었다. 사업은 내가 노력하고, 성과를 낸 만큼 얻을 수 있는 무한한 잠재력이 있다. 하지만 직장인은 월급이라는 안전한 울타리가 있지만, 사업은 잘못되면 적자를 내 돈으로 메워야 한다. 직장인은 상사의 눈치를 보지만, 사업은 고객, 직원 등 많은 사람들을 두루 신경 써야 한다. 교사 생활이 온실 속의 화초 같았다면, 사업의 세계는 정글에 던져져서 살아남아야 하는 정글의 법칙을 찍는 것 같았다.

내가 사업을 통해 배운 또 다른 하나는 부자는 여러 개의 소득처를 가지고 있다는 것이다. 사업가들은 돈을 버는 방법이 정말 다양했다. 돈을 버는 방법에는 '근로 소득'과 '비근로 소득'이 있다. 사업과 투자의 세계를 접하면서 이자 소득, 배당 소득, 연금 소득, 임대 소득, 양도 소득 등 소득에는 다양한 루트가 있다는 것을 알게 됐다. 나도 여러 개의 소득처를 확보해야겠다고 생각했다. 요즘은 부업과 창업을 하기 쉬운 시대이다. 스마트스토어, 유튜브, 블로그, 재능 판매 커뮤니티 등 시도해볼 수 있는 것도 많고 투자금과 리스크도 적은 편이다. 지금의 삶에서 무언가를 바꾸고 싶다면, 고민만 하지 말고 내가 해볼 수 있는 일을 생각해서 실행해보는 건 어떨까? 금전적인 이익뿐만 아니라 스스로 발전해나가는 뿌듯함, 세상을 보는 다른 시각을 가지게 될 것이다.

소득의 종류

- **근로 소득**

  – 근로 소득 : 근로자가 근로를 제공하고 받는 모든 대가

  　　　　예 월급

  – 사업 소득 : 개인이 사업에서 얻는 소득

- **비근로 소득**

  – 이자 소득 : 소득세법상 이자 명목으로 얻어지는 소득

  – 배당 소득 : 주식 및 출자금에 대한 이익의 분배로 발생하는 소득

  　　　　예 주식, 펀드

  – 연금 소득 : 연금을 받아서 생기는 소득

  – 기타 소득 : 비정기적, 일시적으로 발생한 소득

  　　　　예 상금, 사례금, 복권 당첨금, 저작권료, 원고 인세 등

  – 임대 소득 : 자산을 타인에게 빌려주고 받는 대가

  – 퇴직 소득 : 퇴직을 원인으로 일시에 지급받는 소득

  　　　　예 퇴직금, 퇴직 연금

  – 양도 소득 : 토지나 건물 따위의 자산을 양도함으로써 발생하는 소득

나는 현재 어떤 소득처를 가지고 있는가? 그리고 앞으로 어떤 소득처를 만들 수 있는가? 현재 나의 소득처와 미래의 계획을 세워보자.

Q. 나의 현재 소득처와 미래의 소득처

- **근로 소득**

  − 근로 소득 : _____

  − 사업 소득 : _____

- **비근로 소득**

  − 이자 소득 : _____

  − 배당 소득 : _____

  − 연금 소득 : _____

  − 기타 소득 : _____

  − 임대 소득 : _____

  − 퇴직 소득 : _____

  − 양도 소득 : _____

- **앞으로 내가 만들 수 있는 소득처를 적어보자.**

  _____

  _____

  _____

부업으로 에어비앤비를
30개 운영한다고?

$$R > G = \frown$$

"자산을 가진 부자가 더 부자가 되기 쉬운 것은 역사적 사실이다."

프랑스 경제학자 토마 피케티가 그의 저서 『21세기 자본』에서 한 말이다. 그는 지난 300년 동안의 역사적 데이터를 공개하면서 이 사실을 증명한다. 위의 R>G 공식은 바로 자산을 가진 사람이 더 부자가 된다는 공식이다. 여기서 'R'은 '자본 수익률'을 말한다. 부동산과 주식 등 자신이 소유한 자산에서 나오는 수익이다. 'G'는 '경제 성장률'을 말한다. 노동을 통해 얻은 소득의 증가율이다. 즉 이 공식은 "자본 수익률은 경제 성장률보다 높다"는 것을 보여준다. 따라서 노동 즉, 월급만을 소득으로 하는 사람보다 부동산, 주식 등의 자산을 가지고 있는 부자가 장기적으로 돈을 벌 확률이 더 높고 그 축적의 속도도 더 빠르다는 것이다. 안일하게 '부자만 더 부자가 되는데 뭘...' 하던 것을 수학적인 공식으로 증명한 셈이다.

과거에는 금리가 높아 월급과 저축만으로도 생존이 가능했지만, 밀레니얼 세대는 생존을 위해 재테크를 공부해야 한다. 7포세대가 되는 가장 큰 이유는 경제적 기반이 부족하기 때문이다. 나는 25살 무렵에 처음 투자를 시작했다. 주식 스터디에 참여하고, 주식을 시작했지만 모두 손해만 봐서 '나는 마이너스의 손인가...' 싶었다. 당시 200만 원 정도의 손해를 봤고, 주식은 나의 길이 아니라고 생각했다.

그다음 관심을 가진 것은 부동산이다. 사업을 배우기 시작하면서 부동산 공부의 필요성을 느꼈다. 재무 자료를 살펴보니 매달 큰 금액이 임차료로 지불되었다. '진작 건물을 사두었으면 임차료도 안 내고, 우리 회사도 시세 차익을 톡톡히 누렸을 텐데...'라는 생각이 들어 안타깝기 그지없었다. 매장 근처의 건물들이 2013년도에 대비해서 4배 정도 평단가가 올랐다. 부동산 공부의 필요성을 뼈저리게 느낀 계기였다.

내가 부동산 공부를 하기 위해 처음으로 찾은 곳은 부동산 경매 스터디였다. 주로 경매 사이트를 화면에 띄워두고 각자 찾아온 물건들을 브리핑하는 형식으로 스터디가 진행되었다. 부동산의 분야는 정말 다양했다. 경매, 공매, 토지, 상가, 꼬마빌딩, 아파트, 분양권, 재개발과 재건축, 지식산업단지, 청약, 세금, 대출 등 공부할 게 정말 많았다. 매일 경제 신문을 읽고 투자가들과 교류하였다. 처음에는 무슨 말인지 하나도 몰랐는데, 공부를 하다 보니 조금씩 머릿속에 들어왔다. 사람의 성향에 따라 투자하는 성향도 다르기 때문에 자신에게 맞는 투자 방법을 찾아야 한다. 당시 내가 가진 자금력은 소액이었기 때문에 두 가지 방법으로 나누어 공부를 시작했다. 회사 앞으로는 꼬마빌딩 투자를 주의 깊게 보았고, 내가 개인적으로 할 수 있는 투자인 분양권, 아파트, 청약 등에 먼저 관심을 갖고 실행해 나갔다.

여행을 다니면서도 나는 투자에 관심을 가졌다. 독일, 베트남, 터키, 폴란드, 몬테네그로에서 한인 민박 사장님들과 현지에서 일하는 지인들에게 해외 부동산 관련하여 이것저것 물어보기도 하였다.

당시 뉴욕 여행을 할 때의 일이다. 나는 여행 중에 종종 카우치 서핑(인터넷 여행자 커뮤니티)에 글을 올린다.

"한국에서 온 잇첼입니다. ○일부터 ○일까지 뉴욕에 머물러요. 함께 밥을 먹으면서 한국과 미국의 문화에 대해 이야기를 나누고 싶다면 연락 주세요."

이렇게 존과 인연이 닿았다. 그는 금융권에서 일하는 중국계 미국인이었다. 함께 밥을 먹고 이야기를 나누는 내내 휴대폰에서 눈을 떼지 못하는 그는 매우 바빠 보였다.

"무슨 일을 하기에 퇴근해서도 휴대폰에서 눈을 떼지 못해요?"

"미안해요. 제가 부업으로 에어비앤비를 운영하는데 메시지 확인을 해야 해서요."

그는 부업으로 에어비앤비 30개를 운영하고 있었다. 맨해튼의 어느 지역이 가장 수익성이 좋으며, 어떻게 에어비앤비를 운영하고 있는지 열띤 설명을 해주었다.

"계약하는 사람과 청소부는 외주로 하고, 직접 현장을 방문하는 일은 드물어요. 심지어 가구를 배치하는 일도 가구 배치도를 직원에게 보내주고 이렇게 꾸며달라고 요청을 하거든요."

한 달 후에 뉴욕에서 존을 다시 만났다. 그의 에어비앤비는 10개나 더 늘어나 있었다. 하나의 기업처럼 시스템을 구축하여 에어비앤비를 운영할 수 있다는 것을 알고 가슴이 뛰었다. 여행과 부동산을 좋아하는 나에게는 공간 대여 사업이 매력적으로 다가왔다.

'나도 해외의 거점 도시들에 부동산을 구입해서 에어비앤비를 운영하면 내가 머무르지 않더라도 수익을 낼 수 있지 않을까?'라는 재밌는 상상을 해보았다.

여행을 다니면서 나는 자연스럽게 다양한 숙박업소에 머물러 보았다. 그러면서 내가 운영하고 싶은 호스텔도 구상해본 적이 있다. 여행이 길어지면 가끔 일부러 호스텔에 묵곤 했다. 숙박업소마다 저마다의 장점이 있기 때문이다. 호텔은 가족이나 친구들과 우리만의 여행을 즐기기에 편안한 반면, 호스텔은 정보를 교류하고 새로운 친구를 사귀기에 좋다. 내가 특히 선호하는 호스텔은 자체 프로그램을 갖고 있는 곳이다. 요가 클래스, 언어 클래스, 쿠킹 클래스 등의 프로그램을 저렴한 가격에 참여하며 사람들과 교류할 수 있었다. 정말 기억에 남는 호스텔이 몇 군데 있는데, 러시아의 상트페테르부르크에서 묵었던 '소울키친 호스텔'이 그중 하나이다. 호스텔 중앙에 있는 큰 리빙 키친에서는 매일 쿠킹 클래스가 열렸고, 사람들과 맛있는 음식을 나눠 먹으며 자연스레 대화를 나누었다. 호스텔 곳곳에서 여행자들을 진심으로 배려한다는 것을 느낄 수 있었다. 어린이와 장애인을 위한 시설이 따로 있었고, 심지어 오페라글라스와 신발 말리는 도구까지 빌려주는 것을 보며 감탄했다. 이렇게 마음에 쏙 드는 호스텔에 묵으면, 훗날 내가 집을 꾸미거나 숙박업소를 운영한다면 어떻게 할지 즐거운 상상을 하게 된다.

　　꼬마빌딩과 상가도 직접 보러 다니며 부동산 현장 공부를 했다. 꼬마빌딩 전문 매매 회사에 연락해서 물건을 받고 직접 답사를 다녔다. 매매 회사에 방문하면 원하는 금액대와 지역을 확인하고 물건들을 추천해준다. 그중 괜찮아보이는 곳은 그 동네에 직접 가서 동네 부동산에도 들어가 보고, 사람들의 동선도 섬세하게 관찰했다. 나는 오래된 빌딩을 사서 리모델링을 하여 되파는 것에 관심이 있었다. 매매 회사에서 홍대, 이태원, 강남 지역을 추천했기 때문에 그 지역들을 중점적으로 보았다. 시간이 지나 다시 시세를 확인해 보니 1년 반 사이에 2배가 올라있기도 했다.

활동적으로 돌아다니고, 사람 만나기를 좋아하는 나는 부동산 공부가 무척 재밌었다. 무슨 말인지 하나도 몰랐던 경제 용어들과 경제 신문 기사를 이해하는 내 모습이 뿌듯했다. 부동산을 공부하면서 이전에는 그냥 지나쳤던 길가의 부동산이 눈에 들어오고, 동네의 상권과 시세에 대해 생각하는 또 하나의 안경을 쓰게 되었다. 세상을 바라보는 시각이 달라졌고, 사업과 부동산을 결합해서 보는 시야도 생겼다.

2017년에 시작한 투자는 내 인생을 바꿨다. 부모님의 도움 없이 중고차 값 정도로 시작했던 부동산 투자로 자산이 몇 십배 이상 늘어났다. 적절한 시기에 투자를 해서 부동산 상승기와 맞아떨어진 탓이다. 2021년도에는 인플레이션이 더 가속화될 것으로 전망된다. 본업에 충실하며 투자에 '꾸준히' 관심을 가지고 경제 신문을 읽으며 공부를 하는 것이 나의 원칙이다. '이번 생은 망했다고?' 준비하는 자만이 기회를 잡을 수 있다. 지금도 늦지 않았다.

새로운 분야는 책으로 공부하는 것이 중요하다고 생각했다. 하지만 부동산은 책으로 기본적인 것을 공부한 후에, 직접 발품을 팔아 투자자들과 현장의 생생한 정보를 교류하는 것이 중요하다. 강의를 듣고, 스터디를 하고, 책을 읽는 등의 꾸준한 공부가 필요하다. 시기와 상황에 따라서 투자 방법이 달라지기 때문에, 최대한 많은 투자 방법을 알고 다양한 경우의 수를 둘 수 있는 능력이 중요하기 때문이다. 부동산, 사업, 주식은 서로 연결되어 있다. 하나라도 공부해두면 내가 하는 다른 분야에 도움이 되는 선순환 구조가 이어진다.

혹자는 투자를 투기라고 비판한다. 하지만 돈은 가치가 있는 곳으로 흐르기 마련이고 자본주의 사회에서 부모님의 도움 없이 자립하기 위해 재테크 공부는 필수다. 나도 부동산의 다양한 분야를 평생에 걸쳐 공부하며 투자할 계획을 갖고 있으며, 차근차근 실행에 옮겨나갈 생각이다.

내 돈을 현명하게 지키고
2배 이상 불리자

돈으로부터 자유로운 삶을 살고 싶다면 3가지 원칙을 기억하자.

1. 버는 돈을 잘 늘리자.
2. 현명하게 지출해서 잘 모으자.
3. 재테크를 통해 잘 불리자.

1. 청약, 내 인생의 로또가 될 수 있다

"장롱면허만 있는 게 아니라 장롱통장도 있다."

친구가 나에게 부모님 청약통장 가점이 67점인데 어떻게 쓰는지 몰라서 장롱 속에 묵혀 놓았다는 이야기를 했다. 67점이면 서울 시내 웬만한 아파트는 당첨이 가능한 보물단지 같은 통장이다. 당신은 청약통장 사용법에 대해 얼마나 알고 있는가?

주택청약통장은 출생 시부터 가입이 가능하고, 만 17세부터 점수를 인정해 준다. 친구가 돈이 필요해서 청약통장을 해지했다가 뒤늦게 땅을 치고 후회하는 것을 보았다. 청약통장을 담보로 대출도 가능하니 절대 청약통장을 해지해서는 안 된다. 당신은 청약통장을 가지고 있는가? 없다면 지금 당장 은행에 가서 만들라. 요즘 청약 당첨이 로또라고 불릴 정도로 분양가와 주변 새 아파트의 시세 차이가 몇 억이 나는 경우가 많다. 수도권에 새 아파트를 사려면 무주택자라도 대출이 40%밖에 안 나오지만 청약으로 당첨되어 분양을 받으면 계약금 10%만 있어도 가능하다.

분양에는 일반공급과 특별공급이 있다. 일반공급은 '청약홈'이라는 웹사이트에서 분양하는 주택에 청약을 넣는 것이다. 가점제와 추첨제 방식이 있는데, 젊은 사람들은 가점이 낮아서 불리하지만 추첨으로 당첨이 가능하니 지속적으로 청약을 넣어보아야 한다. 가점제와 추첨제 비율은 지역에 따라 다르다. 가점은 청약통장 가입 기간, 부양가족 수, 무주택기간에 따라 산정한다. 미리 가점을 계산해 보고 활용 계획을 세워보자. '청약홈'에 들어가면 나의 가점을 계산해볼 수 있다. 또한 분양 정보는 '분양알리미' 앱을 통해서 확인할 수 있다. 무주택자가 집을 사면 청약통장이 필요 없다고 간혹 해지하는 사람들이 있는데 절대 해지해서는 안 된다. 무주택기간은 없어지지만 부양가족과 청약통장 가입 기간은 가점에 계속 반영되므로 다시 무주택자가 될 때를 대비하여 통장을 남겨두어야 한다.

특별공급은 국가 유공자, 장애인, 신혼부부, 다자녀 가구, 생애 최초 주택 구입, 노부모 부양자, 중소기업 근무자 등 정책적 배려가 필요한 사회 계층에게 일반공급과 청약 경쟁 없이 별도로 분양받을 수 있도록 하는 제도이다. 무주택자만 가능하며 한 번 당첨되면 계약 여부와 무관하게 평생 다시는 쓸 수 없다. 일반공급보다 경쟁률이 낮으며 지원하는 특별공급 종류에 따라 다르게 점수를 계산한다. 특별공급 신청 후 일반공급도 신청이 가능하다. 특별공급은 항목별로 다르지만 일반적으로 소득과 자산 보유 정도를 기준으로 본다. 혹시 내가 해당되는 사항이 있는지 검색하여 확인해보자.

2. 보험, 새롭게 리모델링하자

가입해둔 보험을 정리해보자. 가족들 보험을 정리하면서 지인들 부탁에 의해 가입했던 보험들을 해지했다. 투자성 보험, 저축형 보험, 실손 보험, 치아 보험, 화재 보험 등등 보험의 종류도 여러 가지이다. 개중에는 잘 들어놓은 보물 같은 보험이 있는 반면, 소중한 나의 돈을 좀먹는 보험도 있다. 자를 것은 자르고, 유지할 것은 유지하고, 부족한 것은 보충하는 보험 리모델링을 해야 한다. 보험 상담사에게 의뢰해보고 비교할 것을 추천한다.

3. 세금, 똑똑하게 알고 내자

우리가 태어나서 죽을 때까지 세금은 우리의 뒤를 졸졸 따라다닌다.

> 태어났더니 주민세. 살았을 때 줬더니 증여세.
> 죽었더니 상속세. 피땀 흘려 노동했더니 갑근세.
> 힘들어서 한 대 피웠더니 담배세. 퇴근하고 한잔했더니 주류세.
> 아껴 쓰고 저축하니 재산세.
> 황당하게 술에 왜 붙니 교육세.
> 화장품에 뜬금없이 왜 붙니 농어촌특별세.
> 월급 받고 살아보려니 소득세. 장사하려 차 샀더니 취득세.
> 차량 번호 다니 등록세. 월급쟁이 못해서 회사 차렸더니 법인세.
> 껌 하나 샀더니 소비세. 집에서 가만히 쉬었더니 전기세, 수도세.
> 전기 많이 썼더니 누진세. 배 아파서 똥 좀 누면 환경세.

직장인 시절에는 세금이 모두 공제되고 나서 월급이 들어오니, 연말정산만 하면 됐다. 그래서 세금에 대해 잘 몰랐고 공부할 필요성도 느끼지 못했다. 하지만 사업과 투자의 영역에 발을 들이니 세금 공부의 중요성을 뼈저리게 실감하였다. 소득세를 예로 들어보자. 옆의 표와 같이 연봉에 따라 세금이 다르게 부과되니, 기업체 대표가 급여를 얼마로 책정하느냐에 따라 세율이 다르다. 예를 들어 연봉 3000만 원으로 책정하면 세율이 15%이지만, 2억으로 책정하면 세율이 38%다. 그래서 기업체 대표들은 직원 연봉을 기업 매출 대비 적정 금액으로 산출한다.

과세표준	세율(%)
1,200만 원 이하	6%
1,200 ~ 4,600만 원	15%
4,600 ~ 8,800만 원	24%
8,800 ~ 1억 5천만 원	35%
1.5 ~ 3억 원	38%
3 ~ 5억 원	40%
5 ~ 10억 원	42%
10억 원 초과	45%

부동산도 세금이 정말 중요하다. 부동산과 관련된 세금에는 부동산을 취득할 때 내는 취득세, 보유하는 동안에 내는 재산세와 종합 부동산세, 다시 팔 때 내는 양도세가 있다. 원래 매수보다 매도가 중요하고 어려운데, 매도할 때 세금 설계를 어떻게 하느냐에 따라 몇 억원 차이가 나기도 한다. 정부 정책에 따라 세금이 계속해서 바뀌니 정책 보도자료들을 꼼꼼히 체크해야 한다. 세금 강의를 듣거나 블로그를 구독하는 것도 추천한다. 또한 평소에 상담할 수 있는 세무사와 안면을 트고 중요한 문제는 세무 상담을 받는 것을 추천한다.

4. 대출, 똑똑하게 활용하자

대출을 알게 되면서 눈이 번쩍 뜨이는 기분이 들었다. 제2금융권(신협, 수협, 새마을금고 등)과 제3금융권(KB캐피탈 등)에서 대출이 가능한 것도 잘 몰랐었다. 다만 제1금융권(하나은행, 국민은행 등)보다 상대적으로 금리가 높다. 갑자기 자금이 필요할 때를 대비하여 어떻게 돈을 융통할 수 있는지 똑똑하게 알아두어야 한다. 주택담보대출, 분양권 담보대출, 사업자 대출, 전세퇴거자금대출, 생활안정자금대출 등 대출의 종류는 정말 다양하며 내가 아는 만큼 활용할 수 있는 범위가 늘어난다. 또한 유능한 대출 상담사를 알아두면 생각지도 못했던 곳에서 대출이 나오기도 한다. 나 혹은 가족이 가지고 있는 자산이 있다면, 담보대출이 가능하니 대출을 받을 수 있는 금액을 계산해보자.

5. 사업, 지원받아 시작하자

돈이 없어서 사업을 못한다고? 지원금을 받아서 충분히 할 수 있다. 정부지원사업에 대해 알아보면 청년에게 지원해 주는 자금이 많다. 세무 비용을 지원해 주는 제도도 있고, 창업 교육도 해준다. 나와 관련된 기관은 즐겨찾기에 등록해놓고 자주 방문하자.

정부기관	지원 내용	특징
기업마당	정부지원사업의 모든 내용	사실상 가장 큰 정부지원사업 플랫폼
중소기업 기술개발사업 종합관리시스템	중소기업 중심의 개발지원 사업	중소기업 기술개발 개발지원사업에 대한 소개
중소벤처기업 진흥공단	중소기업에 대한 각종 지원사업	중소기업 마케팅 지원 등 비R&D 지원사업
한국산업기술 진흥원	중소·중견기업 R&D 중심 지원사업	연 3억 이상의 R&D 지원사업
중소기업 컨설팅 플랫폼	중소기업 컨설팅 프로그램	저렴한 비용으로 마케팅 등 각종 컨설팅 가능
K 스타트업	창업기업 중심의 지원사업	창업 7년 미만 중심의 지원사업
창조경제혁신센터	예비 창조 또는 창업기업 중심의 지원사업	예비 창업 및 창업 3년 미만의 지원사업
아이디어마루	예비 창조 중심의 지원사업 및 멘토링	예비 창업 중심의 지원사업
테크노파크	각 지자체별 다양한 지원사업	지자체별로 다양하게 지원사업을 하고 있음
정보통신산업 진흥원	정보통신 중심의 비R&D 중심 지원사업	정보통신 기업의 마케팅 및 인력 등 지원사업
정보통신기획 평가원	정보통신 중심의 R&D 지원사업	정보통신 기업의 R&D 지원사업
한국콘텐츠 진흥원	콘텐츠 관련 정부지원사업	음악, VR/AR 등에 대한 정부지원사업
산업진흥원	각 지자체별 다양한 지원사업	지자체별로 다양하게 지원사업을 하고 있음

– 홍승민, 『합격사례 따라하면 성공하는 정부지원 사업계획서 작성법』 중에서

6. 부동산, 정보가 중요하다

투자가의 휴대폰과 컴퓨터에 반드시 추가해야 하는 앱과 웹사이트를 선별해보았다. 숨 쉬듯 당연하게 부동산 정보를 접할 수 있는 환경을 조성하자.

부동산 관련 앱 & 즐겨찾기에 추가해야 하는 웹사이트

① **호갱노노** : 관심 지역의 대장 아파트에 왕관 표시가 되어 쉽게 찾을 수 있다. 아파트 가격, 주변 시세, 아파트 경사도, 해당 지역의 인구 변동, 아파트 공급량 등의 복합적인 자료 검색도 가능하다. 인구, 출근 시간, 학군, 개발 호재 등 입지 분석 기능이 아주 강력하다. 실거래가 업데이트 알림을 받을 수 있어 관심이 가는 아파트에 대한 업데이트 사항을 수시로 확인할 수 있다.

② **부동산지인** : 투자가들이 활용하는 아파트 앱이다. 경제 지도, 빅데이터 지도(시세, 전출입, 입주, 거래량) 등 부동산 투자 전 알아야 하는 정보들이 시각적으로 표현되어 있다.

③ **디스코** : 부동산 등기부 등본 무료 열람이 가능하다. 아파트, 상가, 토지뿐만 아니라 빌라까지 시세 확인이 가능하다.

④ **밸류맵** : 전국의 부동산, 토지, 상가, 공장, 주택 등 실거래가 및 시세 확인이 가능하다. 주로 토지나 상가의 시세 정보를 파악하는 데 활용하면 좋다.

⑤ **청약홈** : 청약 일정 및 분양 정보와 경쟁률을 분석할 수 있다. 청약 신청 및 당첨자 확인까지 청약의 모든 것을 확인할 수 있다.

⑥ **네이버 부동산** : 어떤 부동산의 시세, 호가, 매물 현황을 확인할 때 가장 먼저 접속하는 웹사이트이다. 부동산 종류, 거래 유형(매매, 전세, 월세), 금액, 면적 등 다양한 검색 조건을 설정할 수 있다.

⑦ **KB부동산 :** 대출 시 기준이 되는 시세 확인을 위해 주로 사용하는
웹사이트이다.

부동산 공부를 시작할 때 참고하면 좋은 책과 다큐멘터리를 선별해
보았다. 믿을 수 있는 전문가의 지식을 천천히 습득해보자.

부동산 관련 추천 도서 & 다큐멘터리

① EBS 다큐멘터리 〈자본주의〉

② 『대한민국 부동산 40년』 - 국정브리핑 특별기획팀, 한스미디어

③ 『돈되는 재건축 재개발』 - 이정열, 잇콘

④ 『나는 집 대신 상가에 투자한다』 - 김종율, 베리북

⑤ 『돈의 속성』 - 김승호, 스노우폭스북스

⑥ 『부의 대이동』 - 오건영, 페이지2

⑦ 『아파트값 5차파동』 - 최명철, 다다원

재테크 초보가
반드시 가져야 하는 습관

경제 신문을 읽자

글을 모르는 문맹은 생활을 불편하게 하지만
금융 문맹은 생존을 불가능하게 한다.

앨런 그린스펀(前 FED 의장)

재테크 공부를 시작하고 나의 하루 일과 중 꼭 들어가는 일정은 바로 경제 신문 읽기이다. 고등학교 때 나는 경제 신문 읽기에 번번이 실패하곤 했다. 왜 그랬을까? 아마도 당시 입시가 목적이었던 학생이라 나오는 직접적인 관련이 없다고 생각했기 때문일 것이다.

지금은 다르다. 나는 경제 신문 읽기 4년 차다. 인터넷 기사에 들어가서 제일 먼저 읽는 것이 '경제와 비즈니스' 영역이다. 그러다 문득 깨달았다. 어느 순간부터 내가 사람들과 경제 대화를 나눌 때 어려운 경제 용어를 검색해보지 않고 이야기하고 있었다. 마치 들리지 않던 영어가 들리는 느낌이랄까.

경제가 보이면서 세상이 다르게 보였다. 세상이 움직이는 원리, 과정, 결과가 예측되기 시작했다. 올해는 경제 신문을 함께 읽는 모임도 만들었다. 경제 뉴스의 독자에서 이제 생산자로 자리를 옮겼더니 책임감까지 더해졌다. 신문 안에는 세상의 원리가 있다. 그리고 그 안에는 결국 돈(경제적 자유를 누릴 기회)이 있다.

가장 중요한 건 '꾸준함'이다. 밥을 먹듯 당연하게 경제 신문을 읽자. 처음에는 무슨 말인지 잘 이해가 안 되고 어려울 것이다. 나는 특히 부동산 기사를 주의 깊게 읽는다. 부동산이나 주식도 직접 투자를 해보자. 경제 신문을 읽을 때 내가 투자한 물건에 관련된 기사는 뇌리에 깊숙이 박힌다. 재테크 공부를 하기 위한 환경을 조성하는 것도 중요하다. 네이버 앱에 들어가서 경제면 페이지를 앞쪽에 배치하고 틈틈이 읽자.

나는 부동산 투자가이므로 부동산 기사를 주로 읽는다. 경제 신문뿐만 아니라 부동산 블로거들의 유익한 글, 청약 일정 체크, 매물 검색 등 부동산 정보를 수시로 확인한다. 경제 신문을 꾸준히 읽은 덕분에 정보들이 머릿속에 더 빨리 쏙쏙 들어온다. 경제 신문에는 청약 정보, 세금 정책 변화 등 유익한 정보가 매일 실린다.

경제 신문을 읽을 때는 숲과 나무를 보는 연습을 해야 한다. 여러 개의 기사를 빠르게 스캐닝 하며 읽는 것이 숲 보기, 개별 기사를 상세하게 읽는 것이 나무 보기다. 하루에 하나씩 기사를 선정해서 모르는 경제 용어를 찾아보고, 스크랩하며 읽는 연습을 해보자. 바쁜 날에는 기사의 헤드라인과 소제목만 읽는 것도 괜찮으니 꾸준히 해보자. 약숫물이 바위를 뚫듯 사소한 습관이 누적되면 경제에 눈을 뜨게 될 것이다.

부동산 탐방하기

'왜 이제야 시작한 걸까?'

당시 내 나이 스물일곱. 부동산 공부를 시작했다.

마트에서 반찬 하나를 사더라도 꼼꼼히 비교하며 구매한다. 하지만 평생 모은 돈으로 집을 구매할 때는 왜 그렇게 하지 않을까? 재테크를 위해 경제 신문 읽기와 함께 꼭 해야 하는 것이 '부동산 임장(현장에 나와서 부동산을 직접 보는 것을 말한다)'이다.

주변에서 잘못된 투자나 이중 계약으로 큰 손실을 보는 사람들을 보면 안타까웠다. 나 또한 큰돈을 사기당한 경험이 있어서 그런 소식을 들을 때마다 가슴이 철렁하고 내려앉는다. 잔인하게 말하자면 나라는 내 돈을 지켜주지 않는다. 스스로 공부해서 나 자신이 지켜야 한다.

부동산 임장은 내게 무엇보다 즐거운 일이다. 동네 구석구석을 탐방하며 사람들과 부동산 이야기를 나누는 일은 내게 여행과 같다. 올해 부동산 임장을 다닌 횟수를 세어 보니 34번이었다. 임장 경험이 쌓일수록, 등기 권리증이 늘어날수록 부동산 투자에 자신감이 붙었다.

"안녕하세요. 부동산 보러 왔어요."

"무슨 부동산이요?"

"아…아니에요. 다음에 다시 올게요."

경험보다 더 좋은 선생님은 없다. 처음에는 부동산에 들어간 나 자신이 어색하기 짝이 없었다. 무슨 말을 꺼내야 할지도 모르겠고, '네가 무슨 돈으로?'라는 표정의 부동산 사장님에게 지레 겁먹기도 했다. 처음에는 부동산에 용기 내어 들어갔다가 원하는 것은 묻지도 못한 채 나온 적도 있다. 혼자가 쑥스러워서 부동산 모임에 나가기 시작했고, 친해진 사람들과 함께 임장을 다니면서 경험을 쌓았다. 여러 지역을 다녀보면 퍼즐 조각이 맞춰지듯 부동산 시세 지도가 머릿속에 그려진다. 한 지역의 흐름이 어떻게 다른 지역에 영향을 미치는지 파악되면서 자연스럽게 분석력이 길러진다.

나는 부동산을 공부하는 가장 좋은 방법은 임장이라고 생각한다.

초보일수록 더더욱 그렇다. 내가 관심 있는 지역을 직접 방문해 보고 부동산 사장님과 이야기를 나누면서 지역, 동향, 시세 등을 파악한다. 다른 분야는 책으로 공부하는 것에 찬성하지만, 부동산은 뉴스를 보고 현장 경험을 하는 게 더 효과적이다. 책 읽기는 기본이다. 책에서 기본적인 용어 및 방법을 배우고 시시각각 변하는 현장감을 임장으로 익혀라. 게임을 하더라도 오락실에서 돈을 넣고 친구와 겨루면서 하는 게임과 집에서 혼자 긴장감 없이 하는 게임은 느낌이 다르다. 내가 얼마의 돈을 투자한다는 각오로 임장을 다니면 공부한 내용을 흡수하는 속도가 달라진다.

아직 내 집 마련의 계획이 없는 20대 중후반의 여성이 부동산을 보러 간다면 어떻게 해야 할까? 먼저 부동산 문을 열고 당당하게 들어가라. 신혼집을 장만하려 한다고 말하고 가용 금액을 이야기한다. 혹은 이 정도 금액으로 투자하고 싶은데 어디가 좋을지 물어라. 미리 온라인으로 시세 파악을 하고 들어가는 게 더 좋다. 지도 앞에 서서 궁금한 것들을 모두 질문해라.

"제가 이 동네에 이사를 오려고 하는데 학군은 어때요?"
"아이 키우기 좋을까요?"
"거주자들이 주로 어떤 직장을 다니나요?"

"교통은 괜찮나요?"

재개발 지역이라면 현재 사업 진행 상황 등을 상세히 질문한다. 부동산 사장님이 직접 집을 보여줄 수도 있는데, 진짜 매수하려고 하는 동네라면 상세하게 살펴본다. 임장 경험이 쌓이면 현장에서 동네 느낌만 보고 여러 지역을 돌아보는 것이 더 효율적이다. 부동산 매물을 받는다면 사장님 명함 뒤쪽에 메모해서 추후 찾아보기 쉽도록 한다. 그리고 휴대폰 메모장을 사용해 사진과 정보를 정리해서 임장 기록을 남겨둔다. 처음이 어렵지 몇 번 다녀오면 금세 자신감이 붙을 것이다. 직접 발품을 팔았던 기억들이 쌓여 추후 최선의 부동산 매수 결정을 내릴 수 있다.

내가 버는 돈과
쓰는 돈

얼마만큼의 돈을 벌 것인지 정해놓아야 한다.

- 아마테이아, 『마흔살, 행복한 부자 아빠』 중에서

책을 읽다가 무릎을 '탁!' 하고 쳤다. 주객전도는 돈에도 적용된다. 행복하려고 돈을 버는데, 어느 순간 정신 차려보면 돈을 벌기 위해 살고 있는 자신을 발견하곤 한다.

사람의 욕심은 끝이 없어서 투자를 하다 보면 욕심이 나기 마련이다. 좋은 물건은 계속해서 눈에 보이고 무리해서 투자를 하면 대출 이자를 내느라 생활이 쪼들리게 된다. 행복하기 위해 돈을 벌고, 투자를 시작했는데 돈을 벌기 위해 삶을 사는 것처럼 주객이 전도된다. 어떤 사람들을 보면 계속해서 자산을 증식하는 데에 자신의 온 시간과 에너지를 쓰고는 한다. 돈을 버는 것 자체가 재미있어서라면 괜찮다.

하지만 남의 이목 때문에 수전노처럼 돈만 좇는 사람이 과연 내적 만족도가 높을까? 자신의 자산을 자식에게 일부 물려주고, 전액 사회에 기부한다고 써놓는 사람들을 많이 보았다. '그럴 거면 아등바등 뭐 하러 안 입고 안 쓰고 재산을 축적할까?' 싶기도 하다. 나는 죽기 전에 더 많은 돈을 벌지 못한 것을 후회하기보다 사랑하는 사람들과 더 많은 시간을 보내지 못한 걸 후회하겠지. 그래서 나에게는 버는 돈과 쓰는 돈의 균형이 중요하다. 그야말로 잘 벌고, 잘 써야 한다.

　나는 어느 정도의 돈이 있어야 행복한 사람일지 고민해보자. 그래야 얼마만큼의 돈을 벌어야 할지 알 수 있겠다.

　"한 달에 최소한 어느 정도의 수익이 있어야 행복할 것 같아?"

　친구들에게 질문을 던졌다. 백만 원, 오천만 원 등 다양한 답변이 나왔다.

　"지금 너한테 평생 다 써도 못 쓸 만큼의 많은 돈이 있다면, 지금처럼 살 것 같아?"

　아니라는 답변이 많았다. 직장을 그만두고 여행을 가거나, 외제차를 사거나, 그냥 쉬고 싶다는 답변들이 있었다. 당신은 어떻게 답할 것인가? 진짜 자신이 원하는 삶이 무엇인지 알 수 있는 질문이다.

　나는 집세와 공과금 등을 제외하고 한 달에 백만 원 정도면 충분할 것 같다. 맛있는 음식을 먹고, 건강하게 운동하고, 좋은 책을 읽고,

소중한 이들과 시간을 보낼 정도면 된다. 물론 여행을 간다면 더 많은 돈이 들겠지만 말이다. 돈이 많아도 지금과 크게 다르지 않은 삶을 살 것 같다. 물론 일하는 시간을 줄이고 소중한 사람들과 더 많은 시간을 보내겠지.

나의 고정지출을 파악하자

돈을 버는 것만큼이나 잘 쓰는 것도 중요하다. 월급만으로 생활을 할 때에는 최대한 아껴 쓰는 것이 돈을 많이 모으는 방법이라고 생각했다. 그래서 물건을 살 때에도 몇 군데 비교해보고 사는 게 습관이되었다. 여행을 갈 때에도 항공권 최저가로 구입하는 방법, 숙박비 절약하는 방법 등을 알면 양질의 여행을 저렴한 가격에 다녀올 수 있다. 처음 유럽 여행을 갔을 때 한 달 전에 급히 준비하는 바람에 에미레이트 항공사에서 이코노미 클래스를 170만 원을 주고 샀다. 하지만 항공권을 저렴하게 구입하는 방법을 알게 되니 지금은 왕복 50만 원에도 구입할 수 있다.

사업도 새어나가는 지출을 막는 게 무척이나 중요하다. 보안 업체 비용, 통신비, 전기세, 수도세, 사무실 비품 비용 등의 목록을 만들고, 여러 업체에서 견적을 비교하니 비용이 50% 정도 절감되는 것을 경험했다.

　휴대폰 요금도 지금은 알뜰폰을 사용한다. 2만 원대의 요금에 데이터 10GB와 300분 통화가 제공된다. 고가의 화장품과 피부과에 투자하기보다 식습관에 신경을 쓰니 화장품, 피부과에 드는 비용이 거의 없다. 나는 노트북, 휴대폰, 카메라 등도 종종 중고로 구입한다. 이처럼 현명한 소비 습관이 누적되면 큰돈을 절약할 수 있다.

　가끔 자린고비처럼 돈을 아끼기만 하는 사람들이 있다. 하지만 돈을 너무 아끼기만 하면 스트레스를 받고, 삶의 질이 떨어질 수도 있다. 평소에 돈을 쓸 때, 또는 여행을 할 때 스트레스를 덜 받으며 지출을 통제하는 나만의 법칙을 소개한다. 바로 고정지출 비용을 계산하는 것이다. 나의 고정수입에서 고정지출 비용을 빼고, 저축할 금액과 투자할 금액 등을 남겨둔 뒤에 내가 한 달, 또는 하루에 쓸 수 있는 돈의 평균값을 산출한다. 여행을 할 때에도 복잡하게 계산하지 않고 일단 교통비, 식비, 숙박비 등 고정적으로 생기는 비용을 계산한다. 그다음 그 비용을 여행 일수로 나누어 내가 하루에 쓸 수 있는 평균 비용을 10만 원으로 잡았다. 물가가 비싼 나라에서는 더 많이 쓸 수도 있고, 물가가 저렴하거나 친구가 있는 나라에서는 조금 적게 쓴다. 자신만의 기준이 없으면 무조건 아끼려고만 하게 되는데, 때로는 돈을 잘 쓰는 것이 아끼기만 하는 것보다 이득이 된다. 멀리까지 가서 멋진 공연도 못 보고, 바게트 빵만 먹으면서 매일 도미토리에서 자면 그건 여행이 아니라 고행이 된다. 나에게 있어서 여행은 나 자신에게 하는 가장 큰 투자이기 때문에 너무 아끼지 않았다. 이 법칙은 일상생활과 사업을 할 때에도 적용된다. 내가 최소한 얼마만큼의 돈이 필요한지 정확하게 산출하고, 장기적인 계획을 수립해야 한다. 그리고 절대로 수입보다 지출이 많아서는 안 된다.

예시 : 고정수입과 고정지출 비용 계산하기

- **고정수입 :** 총 370만 원
  - 월급 : 300만 원
  - 주식 배당금 : 10만 원
  - 임대 소득 : 50만 원
  - 기타 소득 : 10만 원

- **고정지출 :** 총 131만 원
  - 통신비 : 3만 원
  - 교통비 : 7만 원
  - 수도세 : 1만 원
  - 가스비 : 10만 원(계절에 따라 다름)
  - 식비 : 40만 원(외식과 집에서 먹는 비중을 분석해보기)
  - 쇼핑 : 30만 원(소비 리스트 분석해보기)
  - 세금 : 30만 원
  - 건강보험료 : 10만 원

고정수입과 고정지출 리스트를 작성하며 정말 필요한 물건을 사는지 아니면 그저 감정의 허기를 채우기 위한 소비를 하는지 나의 소비 패턴을 바라볼 필요가 있다. 소비는 감정이다. 배고프지 않아도 마음이 허해서 음식을 먹는 것처럼, 뭔가 허전해서, 집에 있기 따분해서, 기분을 풀기 위해서 쇼핑을 한다. 이렇게 소비한 것 중 정말 기억에 남고 소중히 여기는 물건이 과연 몇 가지나 될까? 비싸고 싸고의 문제가 아니다. 무엇이든 막상 손에 넣고 나면 행복은 잠시일 뿐이다. 진정으로 원하는 것이 아니면 아무리 많아도 충분하다고 느끼지 못하는 법이다.

사람들은 흔히 세계 일주는 돈이 아주 많이 들 것이라고 생각한다. 여행 경비는 천차만별이지만 일 년을 기준으로 봤을 때 적게는 1000만 원 초반에서 보통은 3000~4000만 원을 쓴다. 물론 적은 돈은 아니다. 사회 초년생이 몇 년을 벌어야 벌 수 있는 돈이며, 일 년 동안 일해서 벌어들였을 기회비용까지 감안하면 비용은 더 크다. 하지만 여행하면서 돈을 벌 수 있는 방법, 돈을 아낄 수 있는 방법이 무수히 많다. 카우치 서핑을 통해 숙박비를, 히치하이킹으로 교통비를 아끼기도 한다. 많은 여행자들이 호주에서 워킹홀리데이를 해서 돈을 모아 여행을 떠난다. 지출에 대해 사람마다 다르게 느끼는 것은 얼마나 그것이 간절한지, 얼마나 그 일에 가치를 두는지의 차이인 것 같다.

"주변 사람에게 밥 많이 사줘서 망한 사람은 없어."

자수성가로 성공한 사업가가 해주신 이야기가 아직도 뇌리에 남아 있다. 도박과 노름으로 가산을 탕진했다는 이야기는 들어봤어도 사람들에게 베풀어서 망했다는 이야기를 들어본 적이 있는가? 베푼 만큼 결국 나에게 돌아온다. 사람들에게 쓰는 비용도 나는 투자에 가깝다고 생각한다. 나는 '나'에게 투자하는 것, 여행(경험)과 배움에 쓰는 돈은 아끼지 않는 편이다. 이처럼 소비하는 나만의 기준과 가치를 정립해보자.

Q. 나의 고정수입과 고정지출 비용 계산하기

- **고정수입 :**

  - 월급 : _____

  - 주식 배당금 : _____

  - 임대 소득 : _____

  - 기타 소득 : _____

- **고정지출 :**

  - 통신비 : _____

  - 교통비 : _____

  - 수도세 : _____

– 가스비 : _____

– 식비 : _____ (외식 :   집 :   )

– 쇼핑 : _____ (소비 리스트 1위 :   2위 :   3위 :   )

– 세금 : _____

– 건강보험료 : _____

• 소비할 때 나에게 중요한 기준과 그 이유는 무엇인가?

_____

_____

_____

인생의 터닝 포인트를 만들어 준
경제·경영 책

사업과 투자 공부를 시작하면서 내가 가장 먼저 한 일은 독서였다. 몇 년 동안 읽은 책 중에 나에게 큰 영향을 주었던 인생 책들을 소개한다.

1. 『부자 아빠 가난한 아빠 2』 - 로버트 기요사키, 민음인

『부자 아빠 가난한 아빠』는 1997년에 출간되어 전 세계를 뒤흔든 베스트셀러다. 이 시리즈는 전 세계에서 4000만 부 이상 팔렸다. 어째서 부자는 계속해서 부자가 되고, 가난한 사람은 계속해서 가난한 경우가 많을까? 로버트 기요사키는 2020년에 한 강연에서 이런 말들을 했다.

이러한 논조가 그의 책에 녹아 있다. 그렇다면 로버트 기요사키의 많은 저서 중 어떤 책을 먼저 읽는 게 좋을까? 나는 『부자 아빠 가난한 아빠 2』를 꼽는다. 그의 책에서 제일 반복적으로 등장하는 개념 중 하나가 '현금흐름 사분면'이다.

Employee 봉급생활자 E	Big business 사업가 B
Self-employed 자영업자 또는 전문직 종사자 S	Investor 투자가 I

현금흐름 사분면에서 세상의 직업은 봉급생활자 E, 자영업자 또는 전문직 종사자 S, 사업가 B, 투자가 I로 나뉜다. 봉급생활자는 직장인, 공무원 등 직장에 고용되어 일하는 사람들이다. 자영업자 또는 전문직 종사자는 식당 주인, 개인 병원을 차린 의사, 개인 사무실을 연 변호사 등이다. 여기서 자영업자와 사업가의 차이는 시스템의 유무이다. 쉽게 비유하자면 동네 카페 사장님과 스타벅스 기업 대표를 생각하면 된다. 왼쪽 사분면 E와 S는 노동을 하지 않으면 수익이 끊긴다. 그러나 오른쪽 사분면 B와 I는 자신이 일하지 않아도 수익이 지속된다. 직원들이 회사의 시스템 하에서 계속해서 수익을 창출해내고, 자본이(돈이) 자본을(돈을) 만드는 것이다. 이 책을 읽고 나는 사업가와 투자가가 되기로 결심했다.

2. 『부의 추월차선』 – 엠제이 드마코, 토트출판사

엠제이 드마코의 전설적인 책이다. 30대에 자수성가한 백만장자 사업가이며 차량 예약 서비스를 제공하는 'Limos.com'의 설립자다.

혹시 재테크 책을 읽거나 강의를 들으면서 이런 생각을 해본 적이 있는가?

"아니 누가 이걸 몰라? 부동산 투자를 하려면 돈이 많아야 하는 거 아니야?"

"세상에 돈이 전부도 아닌데 이렇게 아등바등 일만 하다가 내 청춘 다 가버리면 억울해서 어쩐담?"

저자도 비슷한 고민을 했던 것 같다. 그는 조금이라도 젊을 때 부자 가 되어야 한다고 주장하며 단기간에 기하급수적으로 돈을 버는 공식 을 제시한다. 그는 인도人道, 서행차선, 추월차선으로 나누어 우리의 삶을 설명한다. 부자에 이르는 길은 인도로 걸어갈 수도, 천천히 서행 할 수도, 아우토반에서처럼 질주할 수도 있다.

인도를 걷는 사람은 가난한 사람이다. 돈에 대해 무지하고 신용카 드를 무분별하게 사용한다. 월급은 카드값을 갚는데 다 써서 저축할 돈도 남아 있지 않다. 뚜렷한 목표도 없이 세상에 대해 불평만 하며

똑같은 삶을 반복해서 살아간다.

서행차선을 달리는 사람은 평범하게 살아가는 사람이다. 힘들어도 직장에서 묵묵히 참고 일한다. 월급의 일부를 주식과 퇴직연금에 투자하고, 절약하고 저축하며 살아간다. 정년 때까지 인생의 즐거움을 뒤로 유보한다. 직업 때문에 나의 시간을 팔아 돈을 버는 것이다.

추월차선을 질주하는 사람은 경제적 자유인이 된 사람이다. 나의 시간을 투자해 사업 시스템을 구축한다. 다른 사람의 생활에 필요한 것을 주고, 사람들의 욕구를 충족해주면 돈이 따라올 수밖에 없다.

"시간이 돈보다 훨씬 더 중요한 자산이다."

"배움을 멈추는 즉시 성장도 멈춘다."

"내가 버는 돈은 내가 만들어 낸 가치를 반영한다."

"더 많은 사람들을 도울수록 시간과 돈, 그리고 개인적 성취
면에서 더 많은 것을 얻는다."

"인생은 내가 만들어 가는 것이다."

"내 꿈은 아무리 튀는 것이라도 추구할 가치가 있다."

그는 사업을 하려거든 좋아하고 잘하는 것보다, 사람들이 필요로 하는 것이 무엇일지 고민하라고 말한다. 그의 말에 공감이 가거나 느끼는 바가 있는가?

3. 『돈의 속성』 - 김승호, 스노우폭스북스

이 책의 저자 김승호 회장은 '스노우폭스SNOWFOX'라는 도시락 회사의 설립자이다. 몇 년 전 『김밥 파는 CEO』라는 책으로 김승호 회장을 처음 알게 되었다. 3년 전쯤 〈사장학개론〉이라는 이름으로 진행된, 사업을 하는 사장들을 위한 김승호 회장의 강연을 신청했다가 사정상 취소했던 터라 그의 신간이 더욱 반가웠다.

그가 말하는 돈의 속성은 다음과 같다.

1. 돈은 인격체다.

2. 일정하게 들어오는 돈의 힘을 무시하지 마라.

3. 돈은 각기 다른 성품을 가지고 있다.

4. 돈은 중력성을 가지고 있다.

5. 남의 돈을 대하는 태도를 보면 내 돈을 어떻게 대하는지 알 수 있다.

"돈은 감정을 가진 실체라서 사랑하되 지나치면 안 되고 품을
때 품더라도 가야 할 땐 보내줘야 하며, 절대로 무시하거나
함부로 대해서는 안 된다. 오히려 존중하고 감사해야 한다.
이런 마음을 가진 사람들에게 돈은 항상 기회를 주고, 다가오고,
보호하려 한다."

혹시 지갑에 돈을 대충 구겨 넣거나 집에 동전이 굴러다니게 두지 않았는가? 돈에도 인격이 있기 때문에 자신을 함부로 대하는 사람에게는 다가가지 않는다고 한다. 또한 주식 투자도 단타성이 아니라 장기로 가져갈 투자, 사업 역시 멀리 보고 올바르게 할 것을 강조한다.

이 책 속에는 금융 문맹 체크 리스트가 있다. 아래의 경제 용어 중 여러분은 몇 가지를 알고 있는가?

가산금리, 경기동향지수, 경상수지, 고용률, 고정금리, 고통지수, 골디락스경제, 공공재, 공급탄력성, 공매도, 국가신용등급, 국채, 금본위제, 금산분리, 기업공개, 기준금리, 기축통화, 기회비용, 낙수효과, 단기금융시장, 대외의존도, 대체재, 더블딥, 디커플링, 디플레이션, 레버리지효과, 만기수익률, 마이크로크레디트, 매몰비용, 명목금리, 무디스, 물가지수, 뮤추얼펀드, 뱅크런, 베블런효과, 변동금리, 보호무역주의, 본원통화, 부가가치, 부채담보부증권(CDO), 부채비율, 분수효과, 빅맥지수, 상장지수펀드(ETF), 서킷브레이커, 선물거래, 소득주도성장, 수요탄력성, 스왑, 스톡옵션, 시뇨리지, 신용경색, 신주인수권부사채(BW), 실질임금, 애그플레이션, 양도성예금증서, 양적완화정책, 어음관리계좌(CMA), 연방준비제도(FRS)/연방준비은행(FRB), 엥겔의 법칙, 역모기지론, 예대율, 옵션, 외환보유액, 워크아웃, 원금리스크, 유동성, 이중통화채, 자기자본비율, 자발적 실업, 장단기 금리차, 장외시장, 전환사채, 정크본드, 제로금리정책, 주가수익률(PER), 주가지수, 조세부담률, 주당순이익(EPS), 중앙은행, 증거금, 지주회사, 추심, 치킨게임, 카르텔, 콜옵션, 통화스왑, 투자은행, 특수목적기구(SPV), 파생금융상품, 평가절하, 표면금리, 한계비용, 헤지펀드, 환율조작국, M&A

나름 경제 신문도 매일 읽고 투자 공부를 하고 있지만, 나도 금융 문맹 체크 리스트 목록에 있는 경제 용어 중 모르는 게 많아 반성했다. 김승호 회장은 하루 일과 중 꼭 실천하는 것이 있다고 한다. 바로 미국을 포함하여 각국의 경제 신문 꼼꼼히 보기, 경제 사이트들 살펴보기, 미국 주요 도시의 매물 상황 확인 후 사업과 투자 방향을 결정하는 것이다. 이 책을 읽고 내가 느낀 것은 '기본과 정도에 충실하게 돈을 벌자'였다. 성공한 사업가가 바라보는 돈의 속성이 궁금하다면 이 책을 꼭 읽어보자.

4. 『나는 4시간만 일한다』 – 팀 페리스, 다른상상

포스트 코로나 시대에 디지털 노마드는 새로운 일상이 되어 가고 있다. 이 책의 저자인 팀 페리스는 베스트셀러 『타이탄의 도구들』의 저자이기도 하다. 전작을 인상 깊게 읽었던 지라 고민 없이 주문했다. 믿기 어렵지만 저자는 일주일에 4시간만 일하고, 나머지 시간에는 자유를 누린다. 10년도 더 전에 성공적인 디지털 노마드 생활을 하고, 책까지 쓴 저자는 시대를 앞서간 선구자이다. 그는 '협상DEAL'의 알파벳을 따서 4단계 전략을 구체적으로 제시한다. 이 전략에는 최소한만 일하며 원하는 자유를 누리는 방법이 담겨있다.

D 단계

정의(Definition)의 첫 글자인 D 단계에서는 기존의 잘못된 상식들을 완전히 뒤집어엎는 새로운 게임의 법칙과 목표를 알려 준다.

E 단계

제거(Elimination)의 첫 글자인 E 단계에서는 시간 관리에 관한 케케묵은 기존 관념들을 완전히 뿌리 뽑는다. 하루 12시간 근무를 하루 2시간으로 바꾼 방법에 대해 꼼꼼하게 알려 준다.

A 단계

자동화(Automation)의 첫 글자인 A 단계에서는 환차익 거래, 아웃소싱, 무결정(nondecision) 규칙을 이용하여 현금을 자동적으로 창출하는 방법에 대해 설명한다.

L 단계

해방(Liberation)의 첫 글자인 L 단계에서는 상사로부터 벗어나 멀리서 완벽하게 업무를 처리하는 방법과 함께 미니 은퇴의 개념을 소개한다.

처음에 책의 제목만 봤을 때는 솔직히 '저자가 과장이 심하네…'라고 생각했다. 처음 읽었을 때에도 그렇게 큰 인상을 받지는 못했었다. 그런데 퇴사를 하고 디지털 노마드 생활을 하며 다시 읽으니 새롭게 다가왔다. 어떻게 4시간만 일하느냐? 핵심은 아웃소싱이다. 이 책에 아웃소싱 시스템을 구축하는 세부적인 내용이 나와 있다.

나도 여행을 다니면서 일을 하는 디지털 노마드의 생활을 하고 있다. 또한 일을 하면서 중간중간 여행을 다니는 게 스스로에게 주는 보상이었다. 일을 아예 안 하지도, 일을 위해 삶을 모조리 쏟아붓지도 않는다는 그가 주창한 '뉴 리치'의 개념이 흥미롭게 다가왔다. 디지털 노마드로 사는 시스템을 구축해보고 싶다면 한번 읽어보기를 권한다.

3장

몸과 마음이
건강한 사람

"선생님... 괜찮으세요?
선생님...!!"

"선생님... 괜찮으세요? 선생님...!!"

아이들의 목소리가 의식 저편으로 희미해져갔다. 마지막 힘을 내어 119에 전화를 하고 떠듬떠듬 학교 주소를 이야기했다. 들것에 누워 구급차에 실려 갔고, 이내 기억이 끊겼다. 병실 침대 위로 옮겨져 진통제를 맞고서야 정신이 들었다.

"좀 괜찮아요? 간 떨어지는 줄 알았잖아요..."

교무실에서 행정 일을 도와주시는 실장님이 병원까지 따라와주셨다. 병실 바닥에는 교실에서 신던 실내화가 놓여 있었고 그제서야 찬찬히 기억이 돌아왔다. 1교시부터 배가 아팠지만 꾹 참고 수업을 했다. 결국 5교시에 극심한 통증을 참지 못하고 쓰러졌다. 아이들이 깜짝 놀라서 달려왔고, 구급차가 와서 나는 들것에 실려 병원에 왔다. 실장님이 헐레벌떡 구급차에 같이 타서 병원까지 와주신 것이었다.

27살의 봄날, 유럽에서 석사 공부를 하기 위해 나는 유학 준비를 하고 있었다. 3월은 학교가 가장 바쁜 시기인데, 유학 준비를 3월부터 세 달에 걸쳐서 하다 보니 스트레스가 굉장히 심했고 잠을 제대로 잘 수 없었다. 교감 신경과 부교감 신경에 교란이 오면 불면증이 온다. 내 몸은 휴식을 원했지만 스스로를 다그치며 이어갔던 공부가 불면증으로, 결국은 극심한 생리통으로 이어져 학교에서 쓰러졌고 구급차에 실려 병원에 오게 됐다. 병원에서 '다낭성 난소 증후군'이라는 판정을 받았고, 과로로 인해 학교를 쉬어야 하는 상황이 되었다. 몸에 너무 힘이 없어서 가만히 누워서만 지냈다. 그때 적어두었던 일기가 있다.

· 혼자서는 멀리 갈 수 없어. 같이 가야 해.

· 내가 무슨 부귀영화를 누리겠다고. 다 포기할까? 그렇지만 포기하기엔 너무 자존심 상해...

· 아파서 무언가를 못하게 될 수가 있구나.

· 주어진 것에 감사해야겠다.

· 물 흐르듯 살자. 너무 열 내고 갈망하고 마음을 쓰면 아파버리니까. 몸이 못 견디니까.

이후 건강과 관련된 다큐멘터리를 보고, 책을 읽고, 병원에서 상담을 받는 등 건강을 회복하기 위한 노력을 했다. 현대인들이 겪는 병들 중에는 원인을 모르는 증후군들이 많다고 한다. 대부분 스트레스와 환경 호르몬에서 기인한 것이다. 적절한 영양, 충분한 휴식, 적당한 스트레스가 건강을 위한 세 가지 요건이다. 나는 제일 먼저 식습관을 바꾸었다. 효소가 가득한 식품을 섭취하기 위해 가공식품을 먹지 않았고, 환경 호르몬이 나올 수 있는 모든 식습관을 바꿔나갔다. 수돗물 먹지 않기, 전자레인지에 음식 돌려먹지 않기, 규칙적으로 식사하기 등 건강한 생활을 하니 몸은 곧 회복되었다. 또한 일찍 자고, 일찍 일어나는 규칙적인 생활을 이어나갔다. 건강을 잃으면 모든 것을 잃을 수 있다는 걸 실감했기에 건강을 다시 되찾기 위해 부단히 노력했다.

그 후로는 감기 한 번 걸리지 않았고, 가끔 배앓이를 한 것 외에는 아파본 기억이 별로 없을 정도로 건강해졌다. 지금은 잦은 이동과 장거리 여행에도 끄떡없는 체력을 가지고 있지만, 10대와 20대 초반에는 오히려 기운이 없는 편이었다. 어릴 때부터 기립성 저혈압을 앓아 현기증이 잦았고, 빈혈도 있었다. 집에 가만히 누워 있다가 일어나면 세상이 빙글빙글 돌고 눈앞이 깜깜해졌다. 대학에 갓 입학해서 처음으로 술을 마셨고, 3월 한 달 동안 몸무게가 5kg이나 불어났다. 집에서는 잡곡밥과 야채, 과일 등 영양가 있는 음식을 골고루 먹다가 처음 기숙사 생활을 하게 되면서 식습관이 불균형해졌다. 외식과 술자리가 많았던 3월에 건강이 급격히 나빠지는 것을 느꼈다. 휴일과 공강 시간에 잠으로 체력을 보충했지만, 잠을 많이 자면 잘수록 피곤하고 에너지는 더 떨어졌다. 우울증에 걸린 사람들을 자세히 보면 활동량이 많은 편이 아니다. 몸과 마음은 밀접한 관계가 있다. 몸을 활동적으로 움직이면 부정적인 생각이 배출되어 몸과 마음이 건강해진다.

20대 초반, 임용고시 공부를 하며 본격적으로 운동을 시작했다. 일주일에 7번 수영 강습을 받으며 한 시간씩 수영을 했고, 몸이 건강해지는 것을 느꼈다. 셀룰라이트가 울퉁불퉁하게 잡혀있던 허벅지가 날씬해지고 근육으로 바뀌었다. 물에서 첨벙첨벙 헤엄을 치며 스트레스를 해소했다. 그때부터다. 내가 운동에 매력을 느낀 것이.

20대 중반, 선생님이 되어서도 운동을 틈틈이 하려고 노력했다. 나에게 맞는 운동을 찾으려고 다양한 것을 시도했다. 그 결과 수영과 요가, 사교댄스(살사, 탱고, 스윙)에 매력을 느꼈다. 운동으로 부정적인 에너지를 배출하고, 묵은 감정을 해소하는 법을 익히게 되었다.

30대의 나는 더 건강해졌다. 학교에서 아이들을 가르칠 때에는 목이 종종 아프고, 스트레스로 일 년에 한 번은 꼭 아팠다. 하지만 지금은 스트레스 수치가 훨씬 낮아졌다. 내가 체력을 기른 또 하나의 방법은 여행이었다. 여행을 하면 많이 걷고, 땀으로 노폐물을 배출하고, 자연 속에서 많은 시간을 보낼 수 있다. 무딘 도끼로 도끼질을 하면 나무가 잘 베이지 않는다. 도끼 날을 벼릴 시간을 갖는 것은 너무나 중요하다. 여행은 단순히 놀러 가는 것이 아니라 다시 열심히 일하기 위해 영감을 받고 에너지를 재충전하는 시간이다.

여행도 취향에 따라 다양하게 디자인할 수 있다. 이번 여행은 몸과 마음을 깨끗이 하는 디톡스 여행을 계획해 보는 건 어떨까. 나는 태국의 코사무이 섬에서 디톡스 캠프에 참여하여 생활 패턴을 바꿔보았다. 평화로운 새소리가 들리고, 5분만 걸어가면 바닷가가 펼쳐지는 아름다운 동네였다. 디톡스 프로그램의 하루는 아래와 같이 구성되었다.

- 오전 7시 : 유산소 운동(걷기, 자전거 타기, 등산, 무아이타이 등)
- 오전 10시 30분 : 요가 1
- 오후 1시 30분 : 요가 2
- 오후 5시 : 근력 운동

음식도 슈퍼 푸드와 효소가 가득한 디톡스 메뉴들을 먹으며 몸의 변화를 관찰했다. 머리가 맑아지고 배변이 활성화되면서 몸이 가뿐해졌다. 처음에는 몸이 적응을 못해서 근육통이 심했지만 차츰 나아졌다. 나이가 지긋하신 할머니도 디톡스 캠프에 참여해서 무아이타이, 근력 운동 등을 열심히 하셨다. 그런 모습을 보며 훗날 40대, 50대가 되어서도 꾸준히 체력 관리를 해서 디톡스 캠프에 다시 참여하겠다고 결심했다.

물론 일상에서 이런 생활을 유지하는 게 쉬운 일은 아니다. 하지만 아주 작은 것이라도 일상에서 실천해보자. 가까운 피트니스 센터에 운동을 등록하고 꾸준히 나가는 것, 공원을 걷거나 자전거를 타는 것, 디톡스 메뉴를 시도해보는 것 등 나만의 실천 목록을 만들며 나를 사랑하는 습관을 하나씩 장착해보자. 내 몸에 대해 알아가는 건 아주 소중하고 중요한 공부이다.

넷플릭스에서 방영한 귀네스 팰트로의 〈웰빙 실험실(The Goop Lab)〉에 빔 호프Wim Hof가 등장했다. 빔 호프는 콜드 테라피를 세상에 알리고 있는 인물이다. 이 방송에서는 빙하에서 얼음 목욕을 하는 에피소드가 화제가 됐다. 나도 태국의 디톡스 캠프에서 처음 얼음 목욕을 해보고 그 효과에 감탄하였다. 무아이타이를 한 후 운동으로 한껏 데워진 몸을 얼음이 가득 차 있는 물에 담그니 처음에는 비명이 절로 나왔지만, 점차 근육통이 사라지고 깊은 호흡에 집중하게 되었다. 깊은 호흡을 하면 이산화탄소 수치가 낮아지고, 집중력이 향상되며, 백혈구의 양이 증가하면서 면역력이 길러진다. 일상에서 얼음으로 목욕하는 건 번거롭지만 찬물 샤워를 하는 것은 어렵지 않다. 뜨거운 물로 샤워를 하면 피부가 건조해지는데, 찬물로 샤워를 하면 모공을 막아주기 때문에 수분 손실을 줄일 수 있다. 찬물 샤워가 어렵다면 먼저 따뜻한 물로 몸을 데운 후에 차가운 물로 마무리해주는 것은 어떨까? 샤워하는 습관을 바꿔 건강과 집중력 두 마리 토끼를 잡아보자.

생활 환경도 건강과 밀접한 관련이 있다. 주변 환경을 청결하게 유지하는 것, 적당한 실내 온도를 유지하는 것, 깨끗한 공기와 적절한 습도를 유지하기 위해 공기청정기와 가습기를 사용하는 것, 안정감을 주는 조도를 찾는 것(침실에서는 차분한 조명 사용하기), 나에게 필요한 아로마 오일을 비치해 두는 것, 초록색 식물을 길러보는 것 등 나의 생활 환경을 한번 둘러보자.

Q. 현재 나의 생활 환경은 어떠한가?

_____

_____

_____

Q. 나의 생활 환경에서 고치고 싶은 부분과 실천 계획을 적어보자.

_____

_____

_____

내 생에 첫 수술

"마취제 들어갑니다."

수술대에 누워 온몸을 고정시킨 후 인공호흡기를 장착했다. 전신
마취제가 들어가고 이내 기억이 끊겼다. 눈을 떠보니 나는 회복실에
옮겨져 있었다. 추운 겨울 밖에서 외투 하나 걸치지 않고 한참을 서
있었던 것 마냥 온몸이 바들바들 떨리고 추웠다. 배를 칼로 쑤시는 듯
한 통증에 몸을 웅크리곤 간호사에게 진통제를 놔달라고 애원했다.
그렇게 병실에서 진통제를 맞고 잠이 들었다. 소변줄을 빼기 전까지
는 몸을 움직이기가 어려워서 하루 종일 자다 깨다를 반복했고, 미음
을 약간 먹는 정도의 식사만 했다. 배에 구멍을 뚫어 가스를 주입했던
터라 배가 빵빵하고 온몸이 아팠다.

몇 년 전 검진을 받으며 발견한 난소의 혹을 코로나 기간에 해결하기로 마음먹었다. 대학 병원에서 상담을 받고 수술 날짜를 잡았다. 전신 마취를 하고 배에 구멍을 뚫어 혹을 제거하는 '내 생에 첫 수술'이었다. 입원 전날에는 '간단한 수술인데 뭐 별일 있겠어?'라며 태평했지만 막상 입원 수속을 밟고 수술대에 올라가기까지 하룻밤 동안 잠을 이룰 수가 없었다. 관장을 하고 대바늘을 몸에 꽂는 과정에서 '왜 하필 나한테 이런 일이 일어나서 이렇게 고생을 하고 있나'라는 생각에 서러웠다.

병원에서 지내는 4일 동안 내 또래 혹은 더 어려 보이는 친구들이 항암치료를 하고 있는 모습을 보았다. 한창 예쁠 나이에 병원 생활을 하는 게 안타까웠고 남 일이 아니라는 생각이 들었다. 병을 초기에 발견하면 다행스럽게도 빠르게 치료가 가능하지만, 대부분의 병이 초기에는 증상이 없다. 난소의 혹도 검진 중에 우연히 발견해서 제거할 수 있었지, 만약 몰랐다면 더 큰 병이 되었을 것이다. 내 생에 첫 수술을 하면서 깨달았다. 평소에 나 자신을 더 면밀히 살피고, 작은 부분을 놓치지 않도록 주의해야겠다고. 비단 건강뿐만이 아니다. 일을 할 때, 사람들과 관계를 맺을 때 등 '괜찮겠지'라고 안일하게 넘겼던 부분들이 나중에 큰 문제가 되어 돌아올 수 있다.

꾸준히 운동을 했던 덕분인지 퇴원 후 몸은 급속히 회복되었다. 배의 흉터도 언제 그랬냐는 듯 금세 연해졌다. 병원에 입원해보니 건강이 중요하다는 것을 더 크게 느꼈고, 건강한 몸을 위한 습관을 더 철저히 점검하였다. 아침 공복에 산책하기, 견과류 먹기, 신선한 과일과 야채 먹기, 건강즙 먹기, 영양제(비타민, 프로바이오틱스, 여성 유산균) 챙겨 먹기 등을 하루 일과에 추가하고 건강검진을 예약했다.

'난 젊으니까 괜찮을 거야.' 이런 안일한 생각에 몸이 보내는 신호를 무시하면 병을 키울 수 있다. 한의학에는 미병(未病 : 병이 되진 않았지만 되고 있는 상태)이라는 개념이 있다. 뚜렷한 병은 없지만 불편한 증상을 호소하는, 몸이 아주 건강한 상태는 아니라고 보면 된다. 최선의 치료는 예방이니 스스로가 주치의가 되어 주기적으로 건강 상태를 체크하자. 가장 간단하게 살펴볼 수 있는 요소는 다섯 가지이다. 수면의 질, 아침에 일어날 때의 상쾌함, 소화 상태 및 배변 상태, 하루의 전체적인 에너지 레벨(피곤한 정도), 감정 조절의 컨트롤 유무를 체크하자. 더 상세하게는 미병 체크 리스트로 나의 상태를 점검해보자. 내 몸에 독소가 얼마나 쌓여 있는지 전반적인 건강 상태를 점검해볼 수 있다. 점수가 높을수록 몸 안에 독소가 많고, 노화가 빠르게 진행되는 상태이다.

미병 체크 리스트

그렇지 않다 : 0 | 약간 그렇다 : 1 | 매우 그렇다 : 2

순번	체크 리스트	1회차	2회차
1	항상 피곤하고 피로가 풀리지 않는다.		
2	감기나 독감, 염증 질환에 자주 걸린다.		
3	몸이 잘 붓고, 피부를 누르면 누른 흔적이 생긴다.		
4	호흡이 짧고 심호흡을 하기 힘들다.		
5	땀이 잘 나지 않고 땀이 나도 악취가 난다.		
6	머리카락이 잘 빠지고 가늘어졌다.		
7	혀에 백태가 심하다.		
8	얼굴빛이 어둡고 특히 눈 흰자위가 탁하다.		
9	피부 트러블이 심하고 여드름, 뾰루지 등이 잘 생긴다.		
10	피부가 거칠고 건조하며 탄력이 많이 없다.		
11	식품 알레르기, 아토피, 천식 등의 지병이 있다.		
12	이유 없이 온몸이 무기력하고 피로감과 현기증이 잦다.		
13	손발이 차갑고 저리거나 냉증이 있다.		
14	눈이 피곤하고 침침하다.		
15	근육통, 관절통, 요통이 있다.		
16	가슴앓이(위나 식도 부근에 열이 나거나 쓰리면서 아픈 증세)가 있고, 잘 체하며 트름이 잦다.		
17	변비, 설사, 악취가 나는 변이 자주 나오거나 시원하게 변을 보기 힘들다.		
18	집중력이 떨어지고 쉽게 초조해진다.		
19	기분이 잘 가라앉고 우울증 기미가 있다.		
20	감정 조절이 잘 안되고 쉽게 화를 내거나 예민하다.		
21	귀울림(이명)이 있다.		
22	소변 양이 적고 색이 짙거나 소변에서 악취가 난다.		

마음도 관리가
필요하다

다큐멘터리 〈치유〉를 보면 말기 암에서 회복된 사람들의 특징을 이렇게 설명한다.

1. 건강한 식이 요법

2. 꾸준한 건강 관리

3. 약초와 보충제를 활용하는 것

4. 직관을 따르는 것

5. 억눌린 감정을 표출하는 것

6. 긍정적인 감정을 늘리는 것

7. 사회적인 지원을 받는 것

8. 영적인 교감을 늘리는 것

9. 삶에 대한 강한 동기 부여

건강 관리뿐만 아니라 정서적인 내용이 포함되어 있는 것을 볼 수 있다. 몸과 마음은 밀접하게 연결되어 있기 때문이다. 즉, 건강하기 위해서는 마음을 관리하는 방법도 공부해야 한다.

고등학교 1학년, 꼭두새벽에 일어나서 밤늦게까지 공부하는 입시 생활에 적응하지 못한 나는 매사에 부정적이고 무기력했다. 부정적인 생각으로 학교생활을 하니 아침마다 일어나기가 싫었고 사는 게 싫었다. 그랬던 나의 마음을 다독일 수 있었던 건 스스로에게 격려의 말을 건넸기 때문이다.

'넌 할 수 있어. 너는 세상에서 가장 멋진 사람이야.'

당시 자존감이 낮고, 스스로를 사랑하지 않았던 내게 매일같이 격려의 말을 건넸다. 세상을 살아갈 힘이 생겼다. 나는 부정적으로 생각했던 습관들을 긍정적으로 바꾸려고 노력했다. 상황을 바꿀 수는 없으니 내가 바꿀 수 있는 나의 생각과 행동에 변화를 주기로 했다. 이전에는 듣기 싫은 수업 시간에는 속으로 짜증을 내면서 시간을 허비하기 일쑤였다. 그러나 사고방식을 바꾸면서 그 시간에 교과서를 다시 훑어본다든지, 내가 할 수 있는 것에 집중하며 감정 소모를 줄였다.

'생각을 바꾸면 행동이 바뀌고, 행동이 바뀌면 인생이 바뀐다'라는 말이 있다. 사고방식을 바꾸면 평소에 내가 유지하는 평균적인 감정 상태가 변화한다. 이는 연습으로 가능하다. 처음에는 나를 다독이고 격려하는 말로 시작해보자.

'넌 최고야. 할 수 있어. 오늘은 세상에서 네가 가장 행복할 거야.'

스스로에게 희망을 주면 조금씩 힘이 난다. 그러면서 같은 일도 긍정적으로 바라보는 연습을 하자. 부정적인 감정이 올라오면 곱씹지 말고 키보드 자판의 삭제키를 누르듯 삭제하자. 힘든 일이 닥쳐도 그것을 나에게 가르침을 주려는 신의 축복으로 받아들인다면, 어떤 일을 겪어도 그 사람은 잘 살아갈 수밖에 없다.

평소에 스트레스를 줄이기 위한 습관을 갖자. 나는 내 인생의 주인공이기 때문에 매일 인생의 비지엠BGM을 깐다. 산책할 때, 공부할 때, 일할 때 듣는 음악 리스트를 만들고 상황에 따라 노래를 바꿔가며 들으면 몰입이 수월하고 활력이 더해진다. 특히 잠이 오지 않을 때 명상 음악과 힐링 음악을 들으면 이완 효과가 뛰어나다. 또한 아로마 오일을 휴대하고 다니면서 활용해 보자. 향수 냄새는 머리가 아픈 반면 아로마 오일은 힐링 효과가 뛰어나다. 페퍼민트 오일을 어깨와 목뒤에 발라주면 정신이 또렷해져 집중력 향상에 도움이 되고, 근육통도 해소된다. 레몬 오일과 오렌지 오일의 상큼한 향은 에너지를 북돋는데에 좋다. 자기 전에 라벤더 오일이나 재스민 오일을 바르면 마음이 편안해져 깊은 수면에 들 수 있다.

나는 20대에 요가와 명상을 배운 것을 행운이라고 생각한다. 처음에는 요가가 지루했다. 그런데 수련을 계속하다 보니 요가가 '움직이는 명상'이라는 생각이 들었다. 요가를 하면 순간순간의 호흡과 움직임을 찬찬히 바라보며 현재에 집중하게 된다. 내가 처음에 했던 다이어트 요가, 핫요가 등의 요가들은 미용 목적이 강했었다. 그러나 요가 수련을 계속하면서 요가에도 다양한 종류가 있다는 것을 알게 되었다. 특히 태국에서 인요가를 접하고는 그 매력에 빠지게 되었다. 인요가의 '인'은 음양오행의 '음陰'을 의미한다. 요가마저 경쟁적이고 보여주기식으로 변해가는 요즘. 그것에 대한 반동으로 동양의 음양오행 사상, 현대의 해부학, 불교의 마음챙김 명상을 요가에 접목해 개발된 수련이다. 하나의 동작을 오랫동안 유지하며 호흡에 집중하는 것이 인요가의 핵심이다. 머릿속이 복잡하거나 몸이 찌뿌둥할 때 인요가를 하고 나면 번잡하던 생각은 사라지고 마음속에 고요함만이 남아 있곤 하다.

나는 명상을 배우고 싶어서 호주 친구가 추천해 준 '위파사나 명상' 코스를 11일 동안 다녀온 적이 있다. '위파사나Vipassana'는 불교의 수행법으로 마음을 고요한 상태로 유지하며 끊임없이 변화하는 대상을 있는 그대로 관찰하는 수행을 말한다. 명상 코스는 종교적인 부분보다는 철저히 명상 수행에 초점이 맞춰져있다. 『사피엔스』의 저자로 유명한 유발 하라리도 매 겨울마다 명상 수행을 한다고 한다. 명상 코스에 다녀오니 '이래서 그런 대작을 쓸 수 있었구나!' 싶었다.

명상 코스 일정

- 1~4일차 오전 : 아나파나(호흡에 집중하는 수행법)
- 4일차 오후~9일차 : 위파사나(온몸의 감각을 관찰하는 수행법)
- 10일차 : 메타 명상(자비 명상)
- 11일차 : 귀가

명상 코스 규칙

- 묵언 유지(사람들하고 눈도 마주치지 않는 철저한 침묵)
- 휴대폰 사용 금지
- 새벽 4시 기상 ~ 밤 9시 30분 취침
- 채식(산 좋고 물 좋은 곳이라서 그런지 밥이 정말 맛있다)

아나파나 호흡 명상을 하는 처음 3일 동안은 다양한 생각과 감정이 엄청나게 올라왔다. 내 속에 이런 생각과 감정들이 있었구나 싶을 정도로, 해묵은 기억들까지 하나하나 올라와서 깜짝 놀랐다. 솔직히 임용고시 공부할 때보다 더 힘들었다. 차라리 책이라도 읽으면 집중이 잘 될 것 같은데, 눈 감고 하루 종일 앉아만 있으려니 허리도 아프고 다리도 아팠다. 저녁마다 위파사나 명상 센터의 설립자인 고엔카 선생님의 법문을 듣는데, 그게 몇 안 되는 낙⑦ 중의 하나였다.

4일차부터는 위파사나 수행법을 배운다. 위파사나는 머리끝부터 발끝까지 순서대로 주의를 이동해야 하기 때문에 호흡 명상보다는 집중하기가 더 쉬웠다. 점차 나의 감각들이 미세해지고 또렷해지는 것을 느꼈다. 그러다가 6일차 밤부터는 머리 위에 양동이로 물을 들이붓는 것처럼 온몸의 미세한 감각들을 느낄 수 있었고, 이를 '방가'라고 한다는 것을 알게 되었다. 다리가 아프고 몸이 간지러워도 움직이지 않고 감각에 집중하는 것이 고통이라면, '방가'는 왠지 명상을 잘한 것 같은 쾌감이 들었다. 고엔카 선생님은 이런 황홀한 경험을 갈망하지도, 거친 감각들을 느끼는 것을 혐오하지도 말고, 이런 감각도 결국 사라질 것을 인식하고 평정심을 유지하라고 하셨다. 수행의 핵심은 감각을 느끼는 것이 아니라, 그런 감각을 알아차리고 평정심을 유지하는 것이다. 모든 것은 끊임없이 변하고, 일어나고, 사라지는 것이 반복되니 고통이든 쾌락이든 그저 알아차리면 된다.

마지막 날에는 메타 명상을 하면서 나의 에너지를 온 세상에 내보내며 수련을 마무리했다. 쉽지 않은 과정이었지만 수련이 끝나고 나니 내면이 비워진 듯한 느낌이 들었다. 더불어 인생에서 마주하는 힘든 일들도 어차피 지나간다는 것. 그것을 알아차리는 지혜를 수행을 통해 연습한 것이라 생각했다. 고통스러운 과거의 기억이나 감정들이 올라오는 것도 결국 내 안을 정화하기 위해 마음의 고름을 짜내는 것과 같다.

위파사나 명상 외에도 '한국오쇼명상센터'에서 다양한 명상을 경험해보았다. 깊은 명상을 하면 뇌파가 세타파로 나타나면서 마음이 이

완되고 스트레스 수치가 낮아진다. 세타파는 잠에 들기 전 얕은 수면 상태일 때의 뇌파 상태이다. 보통 사람들은 이때 무의식에 잠겨 있는 여러 가지 생각과 감정들이 올라온다. 나는 명상을 하며 마음(생각과 감정)을 '바라보는' 연습을 하게 되었다. 분노에 사로잡힌 사람은 분노 그 자체가 되지만, 감정과 나를 분리하면 담담하게 바라볼 수 있게 된다. 물론 처음부터 그리 쉽게 되지는 않는다. 하지만 마음 역시 근육처럼 단련(명상)을 지속적으로 하면 누구나 가능하다.

위파사나 명상 코스는 장기간이기 때문에 직장인들이 시간을 내어 참여하기 어려울 수 있다. 그렇다면 명상 애플리케이션(Headspace, Calm 등)이나 유튜브에 명상을 검색해보자. 자기 전에 또는 마음이 복잡할 때 따라 하기 좋은 명상이 많다. 마음을 다독이고 알아차리는 나만의 방법들을 만들어 삶을 조금은 편안하게 살아가보자.

어떻게 살 것인가

'어떻게 살 것인가?'

인생의 목적에 대한 고민은 인류의 공통적인 숙제일 것이다. 여행 중 길을 걷다가 문득 마음이 벅차올랐던 기억이 있다. 외딴곳에서 혼자 시간을 보내고 있는데 그냥 이 순간이 감동스럽고 벅차올랐다. 온전한 나 자신으로 살아간다는 감동이랄까? 이런 게 진정한 나로 살아가는 기쁨이 아닐까 싶다.

직장을 그만두고 주체적인 삶을 선택한 후 전반적인 삶의 만족도는 상승했다. 하지만 여러 가지 커리어를 쌓으면서 우선순위를 정하기 어려울 때가 있었다. 시간은 한정되어 있는데 여러 가지 일을 동시에 진행하다 보니 가끔은 길을 헤매게 되는 것이다. 사회적 성공만을 생각한다면 부와 명예와 권력을 가져다줄 일에만 집중하면 되겠지만, 막상 그 안에서 내가 내적으로 정말 풍요로운지, 행복한지 의문이

들었다. 진짜 나의 영혼과 연결감을 가진 삶을 살려면 어떻게 해야 할까? 그래서 지금까지 내가 걸어온 길들에 대한 장점과 단점을 정리해 보았다.

	장점	단점
교사	안정적이고, 아이들에게 에너지를 받으며 일의 보람을 느낄 수 있다.	교직 내에서 내가 정말 되고 싶은 롤모델을 발견하기가 어려웠다. 승진에 대한 욕심은 나지 않았고, 틀에 박힌 일처리를 해야 하는 게 답답하고 따분했다. 일 자체가 싫다기보다는 제한된 가능성이 답답했다.
사업	노력한 만큼 많은 것을 얻을 수 있고 자율성이 높다.	이익을 내는 것이 무엇보다 중요하니 돈이 최고의 목표와 가치가 되는 것 같아서 일의 의미가 무엇일까에 대해 많이 생각하게 됐다. 일의 결과에 대한 리스크와 책임도 자기 몫이다.
투자	경제 신문을 읽고 부동산 임장을 다니며 사람들과 소통하는 것이 즐겁다. 투자 상황을 분석하여 내 예상과 같게 움직이는지, 다르게 움직이는지를 관찰하는 재미가 있다.	부자가 왜 외로운지 이해가 됐다. 사람들이 돈을 보고 접근하는 게 아닌지 의심해야 한다. 더불어 투자에는 리스크가 따르고 수익형 투자(월세 수익)가 아니면 현금 흐름이 끊길 위험이 있다.
여행	지루할 틈이 없는 스펙터클한 일상. 매일매일 다른 스토리가 만들어지고, 하루하루를 꽉꽉 채워 사는 기쁨이 있다.	여행이 길어지면 뿌리 없이 부유하는 느낌이 들고, 현실성을 잃어간다. 그래서 이제는 그곳에서 살아보는 여행을 하고 싶다.

인디펜던트 워커가 되고 빨리 성과를 내야 할 것 같은 압박감이 몰려왔다. 일 년 내에 얼마의 수익을 만들어 보고 싶다, 어서 결과물을

내야 한다는 생각을 하다가 어느 순간 허무감이 몰려왔다. 그래서 내가 중요하게 여기는 가치를 알기 위해 세 가지의 질문에 답해보았다.

1. 앞으로 남은 생이 1년밖에 없다면 어떻게 살 것인가?

- 가족들과 최대한 많은 시간을 함께 보내고 싶다.
- 나의 삶을 담은 자서전을 쓰고 싶다.
- 뜻이 같은 사람들과 함께 하며 공동체를 위한 삶을 살고 싶다.
- 워크캠프의 봉사 리더를 해보고 싶다.
- 어린이들을 돕는 일을 하고 싶다.
- 여행 : 엄마와 유럽 여행 다녀오기, 멕시코에 가서 친구들과 다시 만나기, 스페인 어학연수 다녀오기, 부에노스아이레스에서 탱고 배우기, 겨울에 태국에서 살아보기.
- 외국어 : 스페인어와 프랑스어 공부를 해보고 싶다.
- 깊이 사랑하는 영혼의 반쪽과 행복한 가정을 만들고 싶다.
- 내가 사랑하는 삶을 살고 싶다.
- 책을 많이 읽고 싶다.

2. 내가 죽으면 어떤 사람으로 기억되고 싶은가?

- 많은 사람에게 선한 영향력을 전파했던 사람으로 기억된다면 좋겠다.

3. 내 삶에서 감사한 것은 무엇인가?

- 짧게는 4년, 길게는 15년이 넘는 시간을 함께 한 친구들과 지속적으로 만나고 마음을 나눌 수 있다는 것이 감사하다.
- 가족들이 건강하다는 것이 감사하다.
- 세계 각지에 소중한 인연들이 있다는 것이 감사하다.
- 지금 경제적으로 크게 어려움이 없다는 것이 감사하다.

- 55개국을 여행할 수 있었다는 것이 감사하다.
- 다양한 경험을 가질 수 있었다는 것이 감사하다.

첫 번째 질문의 답을 적어 보니 돈은 나에게 우선순위가 아니다. 당장 1년밖에 살지 못하는데 돈이 무슨 의미일까. 괜한 불안감에 일단은 안정적인 일을 하면서 좋아하는 걸 추구할 게 아니라, 좋아하는 일을 하면서 돈이 따라오게 하는 삶이 나의 '진아(眞我 : 참 자아)'가 원하는 삶이라는 생각이 들었다. 가지고 있는 것을 몽땅 팔아서 좋아하는 일을 하는 데 써도 내가 후회하지 않는다면 그걸로 된 것이 아닐까.

모든 직업의 장점과 단점을 살펴보면 어느 것도 완벽하지 않다. 직장인은 직장인대로, 사업가는 사업가대로 그들만의 고충이 존재한다. 다른 삶을 동경하지만 그게 자신의 일상이 되면 또 다른 것을 바라게 된다. 또한 편안한 삶이 꼭 내면이 충만하고 만족스러운 삶이라고 말할 수는 없다. 쾌락주의자와 금욕주의자를 보면 사람들이 쾌락만을 좇을 것 같은데, 반대로 금욕을 좇기도 한다는 것을 알 수 있다. 꼭 편하고 즐거워야만 삶이 충만한 것은 아니다. 어느 한 극단에 치우치면 반대쪽 극단을 향해 가게 되고, 그러다가 중심을 찾아간다는 게 나의 생각이다.

들숨과 날숨에 삶과 죽음이 교차한다. 숨에 집중하면 마음이 차분해진다. 숨에는 과거도 미래도 없다. 오롯이 지금 이 순간만이 존재한다. 숨이 몇 분만 멈춰도 생명은 끊어진다. 우리에게 주어진 시간이

유한하다는 것을 숨을 쉬며 자각한다. 죽은 후에 당신은 무엇을 남길 것인가?

데이비드 호킨스 박사의 『의식 혁명』이라는 책을 보면 인간의 의식 수준을 도표로 설명하는 것을 볼 수 있다. 의식이 항상 똑같은 지점에 머물러 있는 것은 아니지만 나의 평균적인 의식 상태를 체크해볼 수 있다. 10대 때의 나의 의식은 분노(150)와 자존심(175) 사이에 머물러 있었다. 지금은 자발성(310) 단계 정도에는 와 있는 것 같다. 깨달음(700)의 단계는 간디와 같은 성인들이 해당된다고 한다. 템플스테이를 하러 갔을 때 스님의 얼굴이 반짝반짝 빛나며 평온해 보였다. 사람들에게는 나름의 아우라가 풍기는데, 내면이 아름다운 사람은 행동과 말씨에서 품격이 자연스레 배어 나온다. 의식이 고양되면 나 자신이 먼저 평온해지고, 순수한 자아로 살아가게 된다.

진정한 나로 살아가는 것. 내 영혼과 연결감을 느끼는 것. 의식을 고양하는 것. 아무것도 하지 않아도 아무것도 되지 않아도 그 자체로 행복한 삶을 사는 것. 그렇다면 영적으로도 충만하게 살아갈 수 있다. 왜 사는가? 어디로 가고 있는가? 당신은 무엇이라고 답할 것인가.

의식의 밝기	의식 수준	감정	행동	말
700~1000	깨달음	언어 이전	순수 의식	
600	평화	하나	인류공헌	우리는 모두 하나입니다.
540	기쁨	감사	축복	무심코 웃음이 납니다. 고맙습니다.
500	사랑	존경	공존	우리 함께 해요. 사랑합니다.
400	이성	이해	통찰력	함께 해결 방법을 찾아보자. 널 진심으로 이해해.
350	포용	책임감	용서	그럴 수도 있지. 내가 책임질게.
310	자발성	낙관	친절	무엇을 도와드릴까요?
250	중용	신뢰	유연함	가치관은 서로 다를 수 있어.
200	용기	긍정	힘을 주는	넌 할 수 있어. 무엇을 하든 최선을 다하면 되는 거야.
175	자존심	경멸	과장	절대 질 수 없어. 내가 최고야.
150	분노	미움	공격	내가 이렇게 하지 말라고 그랬지? 똑바로 해.
125	욕망	갈망	집착	저것을 꼭 내 것으로 만들어야지.
100	두려움	근심	회피	나 이거 잘 못해. 난 싫어 네가 해.
75	슬픔	후회	낙담	내 신세가 이게 뭐야?
50	무기력	절망	포기	이게 내 한계야. 에이~ 될 대로 되라지 뭐.
30	죄의식	비난	학대	너 때문에 이렇게 됐잖아! 이런 못난 놈!
20	수치심	굴욕	잔인함	비참하다. 차라리 없어져 버릴까?

— 데이비드 호킨스, 『의식 혁명』 중에서

Q. 앞으로 남은 생이 1년밖에 없다면 어떻게 살 것인가?

Q. 내가 죽으면 어떤 사람으로 기억되고 싶은가?

Q. 내 삶에서 감사한 것은 무엇인가?

한국은 그래도
살 만한 나라야

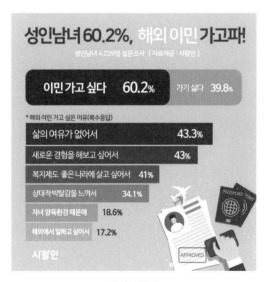

출처 : 사람인

극심한 경쟁 사회 속 뒤처지지 않기 위해 엄청난 노력을 쏟음에도 불구하고 여전히 팍팍한 삶과 불확실한 미래에 '헬조선 탈출'을 꿈꾸는 이들이 많다. 사람인이 발표한 성인남녀 4229명을 대상으로 '해외 이민'에 대한 설문을 진행한 결과에 따르면, 응답자의 60.2%가 한국을 떠나 이민을 '가고 싶다'고 답했으며 30대가 가장 높은 비율을 차지했다. 이들은 해외로 이민을 떠나고 싶은 이유로 '삶의 여유가 없어서'(43.3%, 복수응답)를 첫 번째로 꼽았다. 치열한 경쟁 사회에 지친 나머지 해외로 눈을 돌리고 있다.

기사 출처 : [뉴시스 2020.02.25] 김혜경 기자

헬조선, N포세대, 이생망(이번 생은 망했다). 이런 단어들은 청년들이 한국 사회에 불만족하며 미래에 비관적임을 보여준다. 내가 여행을 떠났던 이유 중 하나도 외국에서 살아보고 싶은데 어느 나라에 살면 좋을까에 대한 고민 때문이었다. 결혼한 언니들이 시댁과 갈등을 빚는 이야기를 들으며, 이곳에서 결혼해서 아이 낳고 일하면서 살다가는 내 삶이 없겠다는 생각에 '탈한국'을 꿈꿨다. 답이 정해져 있는 사회에 맞춰 살려니 답답했다. 죽어라 공부해서 대학에 갔더니 임용고시를 봐야 했고, 교사가 되고 나니 승진을 위해 달리는 동기들의 모습이 보였다. 나는 그렇게 살고 싶지 않았다(물론 모든 교사들이 그런 것은 아니다). 월급을 모아서 집을 장만하려고 해도 집값은 이미 저 멀리 달려가고 있었다. 부모 세대보다 가난한 우리 세대가 행복하게 살려면 부모에게 물려받는 게 최고구나 싶기도 했다. 한국의 단점만이 보이는 시기였다.

내가 살아보고 싶은 도시는 뉴욕, 런던, 베를린이었다. 뉴욕에 처음 갔던 26살, 맨해튼의 빌딩숲을 누비며 세상의 중심에 있는 듯 가슴이

설레였다. 꿈꾸던 유엔UN 본부에도 가보았고, 말로만 듣던 브로드웨이에서 멋진 뮤지컬도 실컷 보았다. 〈악마는 프라다를 입는다〉, 〈프렌즈〉 등 영화와 미드 속에서만 보던 세상에 실제로 들어가니 뉴욕 현대미술관 앞 푸드 트럭에서 파는 길거리 음식까지도 특별하게 느껴졌다. 중국계 미국인과 결혼해서 뉴욕에 거주하는 고등학교 동창과 종종 안부 인사를 할 때도 부러움을 감출 수 없었다. 나는 여행을 다니면서 좋은 인상을 받았던 곳에 한번 살아보고 싶어 길게 머물러 보았다. 하지만 막상 현지인들과 교류하다 보니 생각이 바뀌었다. 여행은 새로운 자극의 연속이지만, 일상이 되면 비싼 월세를 내기 위해 치열하게 경쟁하며 맨해튼을 밝히는 불빛 중 하나가 되어야 한다. 일상은 어디든 크게 다르지 않았고 사람 사는 곳은 결국 비슷하니, 굳이 외국에 살아야겠다는 생각이 사라졌다.

외국에서 오래 머물며 보다 객관적으로 한국의 장단점을 바라볼 수 있었다.

한국의 장점은 첫째, 안전하다. 유럽은 소매치기가 많고 중남미는 강도가 많았다. 늦은 시간까지 돌아다녀도 비교적 안전하고, 휴대폰을 카페 테이블에 올려놓고 화장실을 다녀올 수 있는 나라는 많지 않다.

둘째, 일 처리가 효율적이고 빠르다. 미국과 유럽을 가보면 일 처리가 굉장히 느리고 불편한 게 많은데, 중남미는 심지어 더 느리다. 성미 급한 한국인들이 해외에서 제일 많이 불평하는 것 중 하나다.

셋째, 의료비가 저렴하고 빠르게 진료를 받을 수 있다. 미국은 의료 보험이 없으면 의료비가 살인적으로 비싸고, 유럽은 나라에 따라 다르지만 진료를 받으려면 오래 대기해야 하는 경우가 종종 있다. 캐나다는 암과 같은 중한 병은 무료로 빠르게 치료가 가능하지만, 감기 처럼 간단한 병은 대기를 해야 한다.

넷째, 위생적이다. 인도 마더테레사 하우스에서 봉사 활동을 할 때, 수돗물에 아메바가 있어 뎅기열에 걸릴 수 있다면서 물은 꼭 사 먹으라는 자원봉사자의 말에 깜짝 놀랐다. 우리가 평소에 아주 기본적으로 누리는 것이라 인지하지 못하지만, 한국은 청결 부분에서 상위에 속하는 나라이다. 이외에도 빠른 인터넷, 무료로 이용이 가능한 공중화장실, 편리한 대중교통 등 우리가 일상에서 누리는 것들이 많다.

물론 장점만 있지는 않다. 단점도 있다.

첫째, 과중한 업무로 스트레스에 시달린다. 서로 비교하고 은근히 과시하며, 남이 잘 되면 배 아파하는 심리가 강하다. 지기 싫어하기 때문에 일을 열심히, 또 많이 한다. 삼성전자에서 근무했던 태국 친구는 한국인 상사가 퇴근 후에도, 심지어 주말에도 메일을 보낸다면서 한국사람들은 너무 일을 심하게 한다고 불평했다.

둘째, 직장 문화가 고리타분하다. 대기업에 근무하는 지인들을 보면 회식이니 야근이니 자기 시간이 너무 적다. 그러니 가족과 보내는 시간도 적다. 지금은 직장 문화도 많이 바뀌고 있지만 유럽 맥킨지에서 근무하는 사촌의 정시 퇴근, 원격 근무 등의 이야기를 들어보면 아직 한참 멀었다.

셋째, 치열한 입시 위주의 교육 문화가 있다. 드라마 〈SKY 캐슬〉에서 우리나라의 교육 현실을 풍자한 적이 있다. 나는 치열한 경쟁과 줄 세우기식의 교육을 자식에게 경험하게 하고 싶지 않다.

해외에 있다가 한국에 들어오면 낯설다. 여행자가 된다는 것은 기존의 책임과 나를 구속하던 사고방식에서 어느 정도 자유로워짐을 뜻한다. 일상으로 돌아오면 책임감과 얽힌 인간관계 등이 다시 나를 옭아맨다. 한국에 오면 목적을 향해 달려가는 사람들 속에서 나도 달리지 않으면 뒤처질 것 같은 기분이 든다. 아무도 나에게 무언가 해야 한다고 강요하지 않지만 공기 속에 사람들의 경쟁 에너지가 배어 있는 것처럼 무언가 나를 밀어댄다.

자, 이런 불쾌한 감정과 별개로 산출되는 결과들을 바라보자. 모든 것은 양면성이 있다. 한국이라는 나라는 이런 특유의 경쟁 에너지 때문에 비약적인 성장을 해왔던 것이고, 코로나 확산을 눈에 띄게 빠른 속도로 막을 수 있었다. 효율적이며 열정이 넘치는 국민성은 나 역시 끊임없이 발전하게 만든다.

해외에서 본국으로 귀국하는 친구들의 이야기도 이민에 대한 나의 생각을 바꾸었다. 멕시코에서 만났던 베트남 언니는 에베레스트 등반을 하다가 산사태 사고를 당했지만, 극적으로 살아남은 생존자로 유명해졌다. 그 덕에 SNS 팔로워가 많아졌고, 언니는 베트남에서 영어교육 봉사를 할 수 있는 외국인을 모집했다. 베트남 현지 가정과 외국인을 연결해주었고, 모임이 커지다 보니 NGO(국제적으로 조직된 자발적인 비영리 시민 단체)까지 설립하였다. 미국 유수한 대학원에서 장학금을 받으며 공부하고 있었지만, 언니는 베트남으로 돌아가고 싶다고 했다.

"언니는 미국에서 살면 명문대 나와서 국제기구나 대기업에 들어가 고액 연봉을 받을 수 있을 텐데, 왜 베트남으로 돌아가려고 해요?"

"미국에서는 그저 직장인이 되겠지만, 베트남에서는 나만의 선한 영향력을 사람들에게 전달하며 일할 수 있어서요."

나는 국제기구에 들어가고 싶은 꿈이 있었기 때문에 언니의 대답에 이런저런 생각을 하게 됐다.

'국제기구에 들어가 외국에서 멋지게 출퇴근하는 커리어우먼으로 사는 것이 진정 내가 원했던 삶이 아니었을까?'

진정 사람들을 위한다면 베트남으로 돌아가는 게 더 의미 있는 선택 같아 언니가 참 멋지게 보였다. 아르헨티나에서 이구아수 폭포를 함께 여행했던 한국 청년도 외국에서 한국으로 다시 돌아갔다고 했다. 뉴욕의 NYU(뉴욕대학교)에서 유학을 하던 그는 한국의 대학교로 편입해서 학사를 마치고 석사 과정을 밟고 있었다.

"한국에서는 못 가서 안달인 뉴욕대학교를 그만둔 이유가 뭐예요?"

그에게 물으니 "동양 남자가 사회의 주류가 될 수 없는 게 싫다"라고 답했다.

군중 심리에 휩쓸려 내가 속한 사회를 비관하다 보면 끝이 없다. 그런데 한국은 전 세계에서 보면 사실 손에 꼽히는 선진국이다. 수저계급론이 나올 정도로 사회에 대한 비관이 팽배하지만, 그런 와중에도 기회를 잡고 자수성가하는 사람들이 쉴 없이 탄생하고 있다.

직장을 그만두고 일상생활이 달라지니 만나는 사람들도 달라졌다. 한국에서 사는 것은 똑같지만 이전의 느낌과 완연히 달랐다. 한국에서 '외국인처럼 살아보기'를 실험해봤는데 아주 재밌었다. 영어 회화 모임을 나가고, 외국인 커뮤니티에 가서 생활해보는 것이다. 집에서 영어 자막을 띄워 놓고 넷플릭스를 보고, 외국 친구와 연락을 자주 한다. 이렇게 생활해보니 마치 즐거운 놀이를 하는 것처럼 일상이 특별하게 느껴졌다.

주변 환경을 바꿀 수 없다면 나의 생각을 바꾸는 게 문제 해결을 위한 빠른 방법이다. 한국에서 불평만 하던 사람이 이민을 간다고 불평하지 않을 것 같은가? 행정 처리가 느리다, 의료비가 비싸다, 대중교통이 불편하다, 더럽다 등 또 구시렁댈 것이다. 만약 인종 차별을 겪게 된다면 그 나라 국민에 대한 분노까지 일어날 수 있다. 지금 내가 있는 곳, 지금 내가 하는 것, 지금 내 주변에 있는 사람들이 소중하다는 생각을 요즘 자주 한다. 한국을 벗어나도 우리는 한국인이다.

"Where are you from?"

외국에서 사람을 만날 때 제일 먼저 묻는 질문이다. 나 자신 뿐만 아니라 내가 살고 있는 사회까지 두루 살피는 게 결국 나에게 좋은 영향을 준다. 사회를 바라보는 나의 시각을 바꾸고, 주변을 보듬으면 나의 마음이 좀 더 편안해질 것이다. 개개인이 행복하고 건강해야 더 건강한 사회를 만들 수 있다는 걸 잊지 말자.

"지금 이 인생을 다시 한 번 완전히 똑같이 살아도
좋다는 마음으로 살라."

— 니체

4장

디지털 노마드의
자아실현

여행은
인생의 축소판

"내가 만약에 잡지 모델이 된다면, 어떤 잡지의 표지에 실릴 것 같아?"
"음... 내셔널지오그래픽 여행 잡지 표지에 실릴 것 같아!"

이토록 나의 20대는 여행으로 가득 차 있었다. 23살 어린 나이에 돈을 벌기 시작했고, 물욕은 별로 없지만 경험에 대한 욕구는 강했던지라 큰돈은 거의 비행기 티켓을 살 때 썼다.

나는 왜 그토록 해외에 나가고 싶어 했을까? 곰곰이 생각해 보니 결핍과 호기심이 여행의 시작이었다. 삶의 의미가 무엇일까 고민했다. 물론 보상 심리이기도 했다. 나 이렇게 노력하고 열심히 일했으니 이 정도는 나에게 주는 선물이라고 생각했다. 여행지의 공기가 좋았다. 여행을 떠난다는 건 생각만 해도 설레는 일이었다. 여행을 다녀와서는 여행지에서 찍은 사진과 동영상을 뒤적거리며 웃을 수 있었다.

다른 건 몰라도 추억은 많은 인생이라는 자부심이 생겼다. 배낭을 멘 어깨는 무거웠지만 마음은 가벼웠다. 하늘 하나만 올려다봐도 특별해지는 순간들을 사랑했다. 여행을 다닐수록 '이미 다녀왔으니까 더 안 가도 돼'가 아니라 아름다운 여행지를 더 많이 알게 되면서 가고 싶은 곳들이 늘어났다. 싸구려 도미토리 침대에 누워 다른 여행객의 코 고는 소리에 잠을 설치고, 야간 버스 이동에 지쳐 불평하던 기억들은 흐려지고 그마저도 그리워서 미칠 것 같을 때 다시 떠나곤 했다. 정말이지 행복한 중독이었다. 그렇게 11년 동안 나는 여행에 빠져 있었고, 55개국을 유랑하며 여행에도 단계가 있다는 것을 깨달았다.

1단계 : 처음에는 여행에 큰 매력을 느끼지 못했다. 아르바이트를 해서 모은 돈으로 친구들과 태국과 홍콩으로 첫 여행을 떠났다. 그때의 느낌은 '신기하지만 피곤하구나'였다. 여행책을 사서 틈틈이 공부를 하며 여행 루트를 짰다. 시간은 한정되어 있고, 보고 싶은 건 많았기 때문에 아침 일찍부터 밤늦게까지 유명하다는 곳은 다 돌아보는 계획을 짜서 부지런히도 움직였다. 사진도 많이 찍어야 하고, 쇼핑을 하며 한국에서 구하기 어려운 물건도 사야 했다. 그러다 보니 피곤해서 '이게 여행인지 일인지 모르겠네. 힘들다...'라는 생각도 들었다.

2단계 : 유명한 명소들을 직접 가봤다는 데 의의를 두는 여행. 한국인들의 여행 특징이 많이들 그런 것 같다. 여행책에 나와 있는 일주일 코스를 참고해서 계획을 짜고 그에 따라 움직이는 여행. 그리고 혼자는 두려워서 친구들과 함께 떠났다. 한인 민박에 머무르며 일정이 맞는 동행과 함께 다니기도 했다. 유명한 명소 앞에서 사진을 찍고 '나도 여기 다녀왔어'에 의미를 부여했다. 패키지여행을 다니기도 했다. 여행 가이드가 설명하는 배경지식들이 흥미롭고 편했다. 이 여행의 목적은 호기심 충족과 일탈. 아마도 여행 계획을 세우는 자체가 행복했던 것 같다.

3단계 : 배낭을 메고 한 달 동안 인도 여행을 다녀왔다. 갖은 고생을 다하며 세계를 일주하는 여행자들을 만났다. 외국인 친구들을 사귀었고 함께 파티를 했다. '자유여행은 이렇게 해야 되는구나'라는 것을 배웠고, 평범하지 않은 자신만의 특별한 삶을 살아가는 사람들을 만나면서 세계 일주를 마음먹었다.

4단계 : 한곳에 오래 머무르며 그곳에서 '살아보고' 싶었다. 그 나라 친구들을 많이 사귀었고, 그들의 집에서 머무르기도 했다. 그들과 대화를 나누며 문화와 사고방식의 차이를 느끼게 되었고, 그 이유에 대해서도 관조하게 되었다.

5단계 : 마지막 단계는 나의 삶 자체를 여행으로 여기는 것이 아닐까 한다. 이제는 떠날 때의 가벼운 마음과 자유로움을 넘어 온몸의 세포에 기억으로 아로새겨진 사람들과의 추억, 고마움, 깨달음이 내 삶의 일부가 되었다.

홀로 떠나보면 '여행의 이유'를 알게 된다. 명상을 할 때 처음에는 낯설다가 나중에는 몸의 감각 하나하나에 집중하게 되듯이, 낯선 환경에 있으면 그곳에 대응해야 하는 나를 만나게 된다. 낯선 장소와 낯선 사람들을 접하다 보면 내가 무엇을 좋아하는지, 외부 세계에 어떻게 반응하는지, 결국 나에 대한 질문으로 귀결된다. 부모님의 딸, 학생들의 담임 선생님, 누군가의 친구 등 모든 사회적인 끈이 떨어져 철저히 혼자가 되었던 시간. 그 시간 동안 일상의 곡절이 되는 일들이 많이도 일어났다.

여행은 인생의 축소판과 같다. 나의 선택에 따라 전혀 다른 상황이 펼쳐진다. 비행기 연착, 여행 가방 분실 등 예기치 못한 여러 사건이 생기기도 하고, 인생에 영감을 주는 인연을 만나기도 한다. 그러다 보면 깨달음이 생겨난다. 여행을 다녀오면 새로운 세상으로 나아가려는 욕심이 생기고, 욕심이 생긴다는 건 당신의 세계관이 확장된다는 것이다. 이런 과정을 겪다 보면 다른 사람과 같은 길을 갈 것인지, 내가 경험한 새로운 가능성의 세계로 나아갈 것인지 선택할 수 있게 된다. 철저히 혼자가 되었던 순간을 기억하기 때문에 한 걸음 앞으로 나아갈 용기를 갖게 된다. 무엇이 정답이라고 이야기할 순 없지만, 당신이 선택할 수 있는 또 다른 세계를 안다는 것은 충분히 가치 있는 일이다. 나는 새로운 가능성의 세계로 나아가는 것을 선택했고, 내가 가는 길을 후회하지 않는다.

온전히 내가 선택하고, 선택한 결과에 따라 매일 다른 일상이 펼쳐지는 게 이상하면서도 행복했다. 지금의 삶도 여행과 비슷하다. 홀로 무언가를 계속 해나가야 하지만, 볼리비아 우유니 사막을 향해 홀로 야간 버스를 타고 여행하던 순간을 떠올리면 두렵지 않다. 괜찮다는 것을 알기 때문에. 혼자 고난에 부딪치며 여행을 해보았기 때문에 내면이 강해졌고, 새로운 일을 시도하는 것에 거리낌이 없어졌다. 다른 사람들의 여행기를 들으며 '나도 가보고 싶다'며 설레기만 했는데, 이제는 누군가에게 들려줄 이야기보따리가 생겼다. 나는 더 많은 사람들이 유명한 명소를 찍고 오는 '관광'이 아니라 진정한 '여행'을 해봤으면 좋겠다.

"자유여행을 어떻게 가? 나는 혼자 떠나본 적이 없어서 자유여행은 못 다닐 것 같아."

20대 중반의 어느 날, 친구와 대화를 나누다가 친구가 이런 이야기를 해서 놀란 적이 있다. 그럼 이제부터 내가 어떻게 여행을 계획하는지 과정을 한번 설명해보겠다.

가장 먼저 해야 할 일은 여행 일정을 정하고 항공권을 구매하는 것이다. 여행 경비를 줄일 수 있는 가장 큰 핵심은 항공권이다. 내가 항공권을 끊을 때 자주 사용하는 웹사이트는 '스카이스캐너', '구글 플라이트', 그리고 'momondo'이다. 'momondo'는 뉴욕에서 만난 여행 고수가 알려준 애플리케이션으로 외국인들이 즐겨 사용한다. 'momondo'로 항공권을 예약했을 때 가격이 저렴해지는 것을 여러 번 경험해서 적극 추천한다. 이런 항공사 웹사이트에서 동일한 행선지와 날짜로 여러 번 검색하면 은근슬쩍 가격을 올리기 때문에 자주 '캐시 삭제'를 해서 저렴한 가격에 항공권을 끊길 바란다. 항공사 프로모션을 이용해도 저렴하게 티켓을 구매 할 수 있다. 아시아 지역을 여행할 때에는 '에어아시아', 유럽 지역을 여행할 때에는 '루프트한자' 항공사의 프로모션이 유명하다. 각 웹사이트에 회원 가입을 하고 프로모션을 메일로 수신하면 발 빠르게 항공권 예약을 할 수 있다.

항공권 다음으로 예약해야 하는 것은 숙박이다. 각 도시에서 얼마나 머물 것인지 미리 일정을 짜서 여행을 떠나는 경우에는 숙박할 곳을 미리 예약해두어야 한다. 내가 자주 사용하는 숙박 앱은 '아고다'와 'Booking.com'이다. 방문 도시와 방문 날짜를 입력하면 여러 숙박업소가 뜨는데, 이때 필터를 클릭해서 평점을 8~9점 이상으로 제한하면 좋은 숙소를 고르기가 더 쉬워진다.

현지인의 삶을 체험하고, 친구를 사귈 수 있는 특별한 숙박 형태가 있다. 바로 '카우치 서핑Couch Surfing'이다. 여행자가 잠을 잘 수 있는 '소파Couch'를 '찾아다니는 것Surfing'을 뜻하는 말로 미국 보스턴에 살던 한 대학생이 시작한 프로젝트다. 여행자(Surfer)는 무료로 숙박을 제공받고, 현지인(Host)에게는 외국인 친구의 방문을 연결한다. 단순히 숙박만 제공받는 것이 아니라 서로의 문화를 교류하며 일상(여행)을 특별하게 만들 수 있다. 프로필에 상세하게 자신의 관심사, 철학, 여행한 곳 등을 서술하게 되어 있어 상대방이 어떤 사람인지 파악할 수 있고, 카우치 서퍼들이 남긴 후기를 통해 어느 정도 사전 검증이 가능하다. 내가 원하는 현지인을 검색해서 메시지를 보낼 수 있고, 각 도시 'Public Trip' 게시판에 방문 날짜와 나의 스케줄 등을 공유하여 현지인들이 나에게 연락을 취하도록 할 수도 있다. 나는 많은 친구들을 카우치 서핑에서 만났다. 그들과 여행길에 동행하기도 하고, 서로에게 영감을 주는 대화를 많이 나누었다.

항공권과 숙박을 예약했다면 여행 준비의 반 이상은 끝난 셈이다. 사실 나는 긴 여행길을 떠나면서도 하루 전날에 숙박을 예약하고 그랬다. 공항에 도착하면 현지 통신사의 유심칩을 사서 핸드폰에 끼우고, 숙소까지 가는 길을 검색하고, 숙소에 도착해서 짐을 풀고 나면 그 후에는 무엇이든 하고 싶은 것을 하면 된다.

그러니까 일단 떠나는 거야.

"지금의 삶도 여행과 비슷하다.
홀로 무언가를 계속 해나가야 하지만,
볼리비아 우유니 사막을 향해
홀로 야간 버스를 타고 여행하던
순간을 떠올리면 두렵지 않다.
괜찮다는 것을 알기 때문에."

55개국 여행자는
이렇게 여행한다

    나는 주로 책이나 영화에서 나온 곳 중에 가고 싶은 곳을 콕 찍어두었다가 여행을 떠나곤 한다. 또는 여행길에서 만난 여행자들이 추천하는 곳을 행선지로 정한다. 내가 그동안 여행을 다녀온 곳 중에 추천하고 싶은 여행지들을 정리해보았다. 지금부터 55개국 여행자의 여행법을 소개한다.

매력적인 여행지

국가	특징
태국	태국에서 가장 대중적인 여행지는 방콕, 북부 지방(치앙마이, 치앙라이, 빠이), 남부 지방(푸켓, 피피 섬, 코사무이)이다. 에메랄드빛 바다와 고운 백사장의 해변에서 수상 레포츠를 즐길 수 있다. 또한 음식이 다양하고 맛있다(팟타이, 똠얌꿍, 푸팟퐁커리 등). 길거리 노점 마사지부터 고급 스파에 이르기까지 마사지 문화가 발달해있으며 세계 최고 수준을 자랑한다. 여행을 다니기에 안전하며 물가도 저렴하고, 사람들도 친절한 편이다.

멕시코	중남미 3대 문명에 속하는 아즈텍 문명과 마야 문명이 꽃피운 곳이며, 스페인 문화가 섞여있어 흥미롭고 이색적이다. 한국에서 맛보기 힘든 마야 음식까지 접할 수 있으며, 칠리를 좋아해서 핫초코에 넣어 먹을 정도이다. 치안은 주의해야 하지만 생각보다 위험하지 않았다. 하지만 도시 내의 구역별로 치안이 다르니 위험한 장소는 피하자. 사람들이 밝고 쾌활하며 정이 많다. 수도인 멕시코 시티와 영화 〈코코〉의 배경이 된 낭만적인 소도시 과나후아토, 고대 마야 문명이 번성했던 유카탄반도 등 이색적인 여행지가 넘쳐난다. 유카탄반도에는 세노테라는 천연샘이 있는데, 수영과 다이빙을 즐길 수 있다. 열정적인 살사와 스페인어도 배울 수 있다.
이집트	문화유산을 좋아한다면 이집트는 최고의 여행지가 될 것이다. 지금껏 내가 방문했던 나라들 중에 오래된 유적이 가장 많았다. 영화 속에서만 보던 기자 피라미드, 아부심벨 신전, 호루스 신전 등을 볼 수 있다. 나일강 크루즈 투어 및 가이드 설명을 듣는 것을 추천한다. 수도 카이로에서 출발하는 바하리야 사막 투어도 유명하다. 물가가 저렴한 편이고, 홍해에 휴양지와 다이빙을 즐길 수 있는 장소가 많다. 도시 다합과 후르가다에서 다이빙 자격증도 취득할 수 있다.
이스라엘	내가 여행했던 나라들 중에 가장 흥미로웠던 나라 중 한 곳이다. 예루살렘은 무슬림 구역, 크리스천 구역, 유대인 구역, 아르메니아인 구역 이렇게 4구역으로 나누어 있다. 이곳들은 마치 다른 나라처럼 문화와 사는 사람들이 다르다. 사해 투어와 성지순례 등 볼거리도 많고 음식도 맛있다. 다만 물가가 비싼 것이 조금 흠이다.
이탈리아	피자, 파스타, 젤라또, 포카치아 등 유럽에서 가장 음식이 맛있는 나라이다. 밀라노, 베니스, 로마, 피렌체, 포지타노, 폼페이 등 아름다운 도시와 오래된 문화유산이 많다. 로마에 가면 세계적인 작품을 볼 수 있는 바티칸 박물관 투어를 추천한다. 음식으로 유명한 곳은 토스카나 지방이며 대표적인 예술의 도시는 피렌체이다.
조지아	코카서스산맥의 빼어난 경치로 유명하다. 알프스산맥만큼이나 아름답지만 물가는 스위스의 4분의 1 수준이다. 문화유산도 다수 보유하고 있다. 한국에서 접하기 힘든 맛있는 음식(하차푸리, 낀깔리 등)이 많고, 온천과 와이너리 등을 즐길 수 있다. 1년 동안 무비자로 체류가 가능하고, 인터넷 속도가 빨라서 디지털 노마드가 선호하는 여행지이다.

하드코어 여행

국가	특징
인도	무엇을 상상하든 그 이상을 보게 될 것이다. 일단 무척 더럽다. 북인도의 길거리에는 음식물 쓰레기 냄새가 진동하고, 여행자들은 물갈이를 한 번씩은 겪는다. 시끄럽고 열차가 지연되는 일이 예사다. 하지만 인도에서 맛보는 음식은 한국에서 먹던 인도 음식보다 훨씬 맛있고 종류도 다양하다 (카레, 난, 차이, 라씨, 탈리 등). 내가 여행한 55개국 중 물가가 가장 저렴한 편에 속했다. 타지마할, 황금 사원 등 문화유산이 풍부하다. 남인도에는 해변이 있고 스리랑카와 몰디브를 연계해서 방문할 수 있다. 북인도 고산 지방, 서인도 사막 투어도 가능하다. 하지만 호불호가 크게 갈린다.
쿠바	쿠반 재즈, 살사. 길거리에서 흘러나오는 음악이 여행의 가장 큰 즐거움이었다. 올드카와 옛 건물이 즐비한 수도 아바나는 타임리프를 한 듯 빈티지한 매력이 있다. 중남미 내에서는 치안이 좋은 편이다. 여행자 물가와 현지인 물가가 있는데, 현지인 물가와 비교할 수 없을 정도로 관광 물가가 비싸다. 인터넷으로 교통수단을 예약하기 어려워 티켓 창구를 일일이 찾아다녀야 한다. 인터넷은 와이파이 카드를 구입해서 공원과 호텔 등 와이파이가 가능한 장소를 찾아다녀야 한다. 아날로그를 좋아하는 사람들은 쿠바를 매우 선호하지만, 호불호가 크게 갈리는 나라 중 하나다.

배낭여행자들의 블랙홀

여행지 중에는 일명 '블랙홀'이라고 불리는 동네들이 존재한다. 물가가 저렴하고, 오랫동안 머물면서 무언가를 배우며 현지인처럼 지내기가 좋아 배낭여행자들이 많이 모이기 때문이다.

여행지	특징
이집트 다합	세계적으로 유명한 다이버들의 천국 '블루홀'이 있다. 다이빙 자격증을 가장 저렴한 가격에 취득할 수 있으며 자연이 아름답고 물가가 저렴하다. 음식이 맛있는 식당들이 즐비하게 늘어서 있으며, 장기 체류하는 한국인들이 많다.
파키스탄 훈자 마을	〈바람계곡의 나우시카〉의 배경이 된 아름다운 마을이다. 세계의 걷고 싶은 길로 유명한 곳으로 트레킹을 하기 좋고, 사람들이 순수하다.

태국 빠이	'아무것도 안 해도' 되는 곳. 여유롭게 늘어져서 천천히 살기에 좋다. 히피들의 천국이자 배낭여행자들의 성지라 할 수 있다.
멕시코 산크리스토발	살사, 수공예, 스페인어 등을 배우며 오래 머무르기 좋은 곳이다.
페루 쿠스코	해발 고도 3400m라서 고산병이 올 수 있지만, 도시가 매우 아름답고 주변에 방문할 곳이 많아(마추픽추, 무지개 산, 성스러운 계곡 등) 오래 머무르는 여행자들이 많다.

'에어비앤비 트립'이나 'GetYourGuide'라는 웹사이트에서 일일 투어를 손쉽게 예약할 수 있다. 나는 런던에서 티타임 클래스에 참여한 적이 있었다. 홍차에 대해 배우고, 차에 곁들일 스콘도 직접 구워 보았다. 첼시의 아름다운 저택에서 영국 아주머니가 진행했던 티타임 클래스는 여행 중 힐링이 되었고, 영국의 문화를 배울 수 있었던 좋은 기억으로 남아 있다. 이렇게 '에어비앤비 트립'에는 현지인들이 진행하는 문화 체험 프로그램이 많다.

'GetYourGuide' 웹사이트에서 날짜를 지정하면 그날 갈 수 있는 투어가 뜬다. 이스라엘의 경우 사해 일일 투어와 예루살렘 구시가지 투어 등이 있었다. 그 나라에서 무엇을 봐야 하는지 쉽게 알 수 있다. 많은 것을 효율적으로 보고 싶은데 여행 루트를 짜기 번거롭다면 편리하게 여행을 계획하는 일일 투어가 좋은 선택이다.

워크캠프도 강력 추천한다. 워크캠프는 여행과 자원봉사를 결합한 형태의 국제교류 프로그램이다. 대학교 1학년 때 강화도로 다녀온 것이 나의 첫 워크캠프였다. 시골에서 지내며 외국인 친구들과 함께 농사를 도왔다. 그때의 기억이 너무나 좋아 아이슬란드에서 두 번째 워크캠프에 참여했다. 워크캠프 프로그램의 종류는 축제 준비, 농촌 활동 체험, 교육 봉사 등으로 다양하다. 내가 아이슬란드에서 참여한 프로그램은 'Journalism and Photography'였다. 2주 동안 전 세계의 친구들과 함께 요리를 하고, 서로의 문화를 가르쳐주고, 봉사 활동을 하고, 여행을 가서 함께 오로라를 보았던 시간들은 잊을 수 없는 경험이었다. '국제워크캠프기구' 웹사이트에 들어가면 다양한 워크캠프 프로그램을 선택할 수 있다.

이런 여행들은 단순히 관광지를 찍고 오는 여행이 아닌, 전 세계의 사람들과 소통할 수 있는 좋은 경험이 된다. 사람 사는 곳은 다 비슷하기 때문에 현지에 도착하면 어떻게든 다니게 된다. 이런저런 경험이 쌓이다 보면 나만의 여행법이 생겨날 것이다.

'나 홀로 여행' 너무 쉽다. 꿈만 꾸지 말고 일단 떠나자. 자신만의 진짜 '여행'을 경험하길 기원한다.

새해 목표는
'영어 잘하기'예요!

"올해는 영어도 잘하고 싶고, 운동도 하고..."

1월 1일 새해가 밝아오면 나의 목표 리스트에서 언제나 빠지지 않는 영어! 토종 한국인인 나에게 영어는 쉽지 않은 상대였다. 목표 위주의 삶에서 외국어 자격증은 필수 스펙이다. 토익, 토플, 텝스 등 영어 자격증을 취득하면 취업에 유리하다는 이유로 점수 획득에 박차를 가한다. 하지만 목적을 향해 나아가는 삶에서 영어는 점수 만들기 이상으로 나의 삶을 풍요롭게 해준다. 나의 여행을 언제나 특별하게 만들어 주었던 건 외국인 친구들과 즐겁게 어울렸던 경험들이었다. 또한 유튜브와 구글에 영어로 검색하면 네이버 블로그에서 접하지 못하는 정보들을 얻게 된다. 학창 시절에 배운 것 중에 가장 유용하게 쓰는 게 바로 영어가 아닐까 싶을 정도로 살아가는 데 큰 도움이 된다.

"What is your purpose to apply this internship?"

미국에서 대학교 수업을 듣고, 교생 실습을 나갈 수 있는 인턴십에 지원할 때였다. 영어가 서툴지만 학교에서 많은 비용을 지원해주는 좋은 기회였기에 도전했다. 1년 전 이 프로그램으로 미국을 다녀온 동기에게 도움을 청했다. 비록 영어는 서툴지만 인터뷰 질문에 대한 답을 만들어서 달달 외우고 면접을 보러 갔다.

"My purpose is..."

다행히 미리 준비한 질문이 나왔고, 막힘없이 답을 하고 면접장을 나서니 안도의 한숨이 나왔다. 대학교 3학년 때의 일이다. 미국에 가서 영어로 수업을 해야 하는데 외우지 않은 영어 문장은 도통 입으로 나오지 않던 시절이었다. 그래서 내 인생에서 처음이자 마지막으로 영어 회화 학원에 한 달간 등록하게 되었다.

오전에 두 시간 수업을 듣고, 오후에는 스터디 그룹을 짜서 함께 영어 회화를 연습했다. 수업 시간에는 발음 교정과 원어민이 자주 사용하는 영어 회화 표현들을 배워서 암기했다. 가장 크게 도움이 되었던 것이 발음 교정이었다. 알파벳의 발음들을 정확히 배우고 계속해서 연습을 하다 보니 발음이 썩 괜찮아졌다. 발음이 좋아지니 자신감이 붙고 영어가 재밌어졌다. 영어 학원에서 언어를 공부할 때 중요한 두 가지 요소를 정확히 알게 됐다. 첫째는 발음 교정, 둘째는 배운 영어 표현을 계속해서 입으로 말할 수 있도록 사람들과 대면하는 기회를 가져야 한다는 것이다.

　한 달 동안의 공부 끝에 영어에 자신감이 조금은 생겼고, 나는 미국행 비행기를 탔다. 미국은 내가 가본 첫 서구권 나라였다. 마치 미드 안에 들어온 것처럼 하루하루가 신기했다. 나는 항공권만 부담하면 되었지만, 200만 원이 넘는 가격이라 나에게는 부담이었다. 어머니께서 모아둔 쌈짓돈을 보태주어서 미국에 갈 수 있었기 때문에 너무나 감사했다. 하루하루를 더 알차게 보내야겠다는 생각이 들어 최대한 많은 미국 사람들과 대화를 나누려고 노력했다. 미국을 다녀온 후 가장 큰 소득은 영어 문장을 머릿속에서 조합하지 않고 입으로 바로 내뱉을 수 있게 된 것이다.

　'외국인이니까 못하는 게 당연한 거 아니야? 자신감을 갖자!'

　이후 몇 년이 지나고 사람들에게 유학을 다녀왔냐는 질문을 가끔 듣는다. 처음에는 영어가 어려웠지만, 크게 스트레스를 받지 않고 공부할 수 있는 방법을 터득했다. 자연스럽게 영어 실력이 향상된 과정은 이렇다. 한국인들은 대체로 영어 듣기와 읽기는 잘하는 데에 비해 말하기와 쓰기가 약하다. 수능 외국어 영역에서도 영어 듣기와 읽기를 중점적으로 평가하기 때문에 상대적으로 말하기와 쓰기는 연습할 기회가 부족하다. 실제로 토익 점수가 높지만 외국인 앞에서 입도 한 번 뻥긋 못하는 지인들을 종종 보았다. 나도 미국 인턴십 준비를 하면서 토플 공부를 했는데, 시험 영어와 실전 영어가 다르다고 느꼈었다. 시험은 정해진 틀 안에서 문제를 푸는 기술이 중요하고, 토플의 경우 학술적인 성격이 강해서 일상생활에서 쓰는 영어와는 거리가 있었다.

완벽한 문법으로 영어로 구사하려고 하면 어렵다. 우리는 외국인이기 때문에 영어가 서툴고 틀리는 게 당연하다. '나는 틀리는 게 당연해'라고 생각하며 당당하게 말하자. 교사가 된 이후에 영어 말하기에 재미가 붙어 영어 회화 모임을 1년 동안 꾸준히 나갔다. 사람들과 술을 마시며 단순히 노는 모임보다 훨씬 생산적이라고 느꼈다. 다양한 주제로 토론을 하는 과정도 흥미로웠다. 이후 여행을 다니면서 외국인들과 어울리며 영어 회화 실력이 자연스럽게 향상되었다. 한국에서도 영어 자막을 띄우거나 혹은 자막 없이 영화나 드라마를 보는 노력을 하면 실력이 유지된다.

언어 실력은(사실 언어 외에도 많은 것들이) 계단식으로 상승한다. 초급 단계에서는 알파벳과 단어를 외우고, 기본적인 인사말과 문장 구조를 배운다. 암기한 문장을 계속 입으로 내뱉다 보면 자연스럽게 외워진다. 공부량이 일정 수준 채워지면 어느덧 내 실력은 한 단계 상승되어 있다. 8개 정도의 외국어를 구사하는 사촌 오빠는 외국인 친구의 집에서 3달 정도 함께 생활하면서 계속해서 대화를 나누며 언어 실력을 급격히 끌어올린다고 했다. 외국인 친구를 사귀는 게 사실 언어 실력을 높이는 제일 쉬운 방법 중 하나이다. 한국에도 언어 교환 모임이 많으니 한국어를 가르쳐주면서 외국어를 배워보는 건 어떨까? 언어 교환 앱 '밋업Meetup'이나 언어 교환 동호회 등을 찾아가 보자.

영어 외에 한국에서 가장 많이 배우는 외국어는 중국어와 일본어가 아닐까 한다. 나는 고등학생 때 제2외국어로 일본어를 배우고, 대학생이 되어 교양 수업에서 프랑스어를 배웠다. 이후 여행을 다니면서 일본어와 프랑스어보다는 스페인어에 매력을 느끼게 되었다. 중남미 여행을 하다 보니 스페인어 하나만으로 유럽과 중남미 두 대륙에 거쳐 여러 나라를 여행할 수 있다는 것이 매력적으로 느껴졌다. 미국도 스페인어 사용자가 많아서 제2외국어로 스페인어를 배우는 비중이 높다. 스페인, 멕시코, 콜롬비아, 페루, 쿠바, 칠레, 아르헨티나, 볼리비아 등 많은 나라에서 스페인어를 사용하기 때문에 내가 앞으로 주력해서 배워보고 싶은 언어가 스페인어이다.

여행을 하며 스페인어를 저렴하게 배우는 방법도 많다. 나는 페루의 아레키파라는 도시에서 며칠간 어학원에 다니며 일대일로 스페인어 기본 회화를 배웠다. 물가가 더 저렴한 곳을 원한다면 과테말라의 안티구아로도 많이 간다. 멕시코의 스페인어도 표준말에 가까워서 어학연수로 선호하는 곳이다. 내가 중남미로 다시 여행을 간다면 꼭 해보고 싶은 버킷 리스트가 있다. 콜롬비아나 멕시코에서 살사를 배우며 스페인어 학원을 다니거나, 아르헨티나의 부에노스아이레스에서 탱고와 스페인어를 배우는 것이다.

중국어를 배우는 것도 실용적이다. 중국, 대만, 홍콩 등의 여러 나라에서 중국어를 사용하며 해외 어디를 가도 차이나타운이 존재한다. 또한 러시아어를 배우면 러시아뿐만 아니라 조지아, 아르메니아 등의 주변국에서도 러시아어를 쓰며 교류할 수 있다. 내가 조지아를 여행할 때 러시아어를 쓰는 사람들만 가득해서 외로웠던 기억이 난다. 어떤 여행자와는 공통으로 할 수 있는 언어가 프랑스어밖에 없어서 짧은 프랑스어를 주고받으며 함께 등산을 하기도 했다.

어떤 언어든 자신이 좋아하는 문화권의 언어라면 배울 이유는 충분하다. 언어는 공부가 아니라 생활이며, 내가 좋아하는 문화권 속으로 들어가는 매개체이다. 그러니 즐기자! 즐기다 보면 어느새 실력도 늘어 있을 것이다.

디지털 노마드
그거 어떻게 되는 건데?

교사를 그만두기 전에는 '파이어족(FIRE : Financial Independence Retire Early)'을 꿈꿨다. 파이어족이란 경제적 자유를 이루어서 조기 은퇴하는 사람들을 말한다. 여행을 다니면서 휴식의 시간을 가지며 곰곰이 생각해 보았다. 그러다 보니 조기 은퇴보다 내가 좋아하고 의미 있는 일을 하면서 평생 살아가는게 행복할 것이라는 생각이 들었다. 활동적으로 돌아다니며 사람 만나는 것을 좋아하는 나에게 가장 적합한 삶의 방식은 '디지털 노마드'이다. 디지털 노마드는 시간과 장소에 구애받지 않고 일하는 디지털 유목민을 말한다. 노트북만 있다면 언제 어디서든 여행을 하며 일을 할 수 있다. 전 세계를 유랑하며 생존과 유희를 모두 즐긴다니 멋지지 않은가...! 디지털 노마드가 되기 좋은 직업군은 프리랜서(마케터, 디자이너, 개발자, 작가, 콘텐츠 크리에이터 등) 또는 개인 사업가와 투자가이다. 나는 투자가, 사업가, 작가의 길을 선택했고, 대부분의 업무를 온라인으로 처리하는 디지털 노마드의 삶을 살고 있다.

내가 기존 사업에서 하던 일은 재무 자료와 인사 자료를 체크하고, 은행 업무를 보는 일이라서 인터넷이 연결되면 어디서든 일이 가능했다. 또한 내가 여행했던 55개국 모두 인터넷이 가능했다. 쿠바를 여행할 때에는 와이파이 카드를 구입한 후 와이파이가 터지는 공원, 호텔 로비 등을 찾아다녀야 하는 불편함이 있었지만 말이다. 부동산 투자의 경우 외국에서 진행하는 것에 한계가 있지만, 부동산 매수 후에 여행을 떠나는 것은 가능하다. 요즘은 인터넷으로 정보 수집이 쉬운 세상이라 어디서든 투자 공부도 가능하다. 부동산도 대리 계약으로 매수가 가능하며 주식이나 비트코인은 그야말로 더 제약이 없다. 글을 쓰는 것도 어디서든 가능했다. 여기저기를 유랑하며 일을 하는 디지털 노마드의 라이프 스타일은 블로그와 유튜브의 좋은 콘텐츠 재료가 된다.

세상이 너무나도 빠르게 바뀐다. 2020년 코로나가 전 세계를 휩쓸 거라고 누가 생각했을까. '미래 사회에는 재택근무와 온라인 교육이 일상화될 거야'라며 전망했던 것이 정말 현실로 다가왔다. 코로나로 인해 언택트(비대면) 서비스가 더욱 중요해졌고, 하나의 직업만 고수했던 사람들이 경제 위기로 인해 회사에서 권고사직을 당했다. 앞으로는 조직에서 일하는 것만 고수할 게 아니라, 개인이 독립된 공간에서 자유롭게 일을 할 수 있는 소득원을 만들어 두어야 한다. 이것이 앞으로의 경제 흐름일 것이며, 내가 할 수 있는 것을 미리 준비해 둘 필요가 있다.

그럼 디지털 노마드는 어떻게 되는 걸까? 지금부터 몇 가지 방법을 소개한다.

첫 번째, 디자인 기반의 비근로 소득을 만드는 것이다. 아마존의 'Merch', 'Teespring', 'Redbubble' 등의 웹사이트에 내가 디자인한 티셔츠를 업로드하면 제작과 배송 등 모든 유통 과정을 회사에서 처리해준다. 또는 내가 직접 그린 이모티콘을 만들어서 판매할 수도 있다. 일본 친구가 메신저 'LINE'에서 이모티콘을 팔아 월 200만 원 이상의 수익을 내는 이야기를 들은 적이 있는데, 한국의 '카카오톡'에서도 가능하다. 한 번 디자인을 해두면 지속적으로 저작권 소득이 나오므로 시간적인 자유까지 누릴 수 있다.

두 번째, 애플리케이션을 개발하는 것이다. 개발자들만 앱을 개발할 수 있는 것이 아니다. 사실 아이디어만 있으면 누구나 'appypie' 웹사이트를 이용하여 앱 제작이 가능하다. 외국 사이트이므로 구글 크롬으로 접속하여 한국어 번역을 선택하면 된다. 코딩이 없어도 블로그나 홈페이지를 개설하듯 간단한 수준의 앱을 만들 수 있다. 국내에서는 '크몽', '오투잡', '위시캣' 등의 웹사이트에서 프리랜서 개발자를 고용할 수 있다. 만약 직접 개발 프로그램을 배워서 앱을 제작하고 싶다면 '노마드코더 니꼬쌤'의 강의를 추천한다. 무료 강의와 유료 강의가 있으며 영상으로 평생 소장이 가능하다.

세 번째, 유튜브와 블로그를 하는 것이다. 유튜버와 블로거가 되면 자유롭게 유랑하며 일하는 디지털 노마드의 삶 자체가 흥미로운 콘텐츠가 된다. 만약 여행 유튜브를 하고 싶다면 콘셉트도 다양하게 설정할 수 있다. 세계의 길거리 음식을 멘트 없이 녹화하여 보여주는 채널, 길거리 버스커들의 아름다운 음악을 촬영하여 보여주는 채널 등 얼굴을 공개하지 않고도 충분히 진행할 수 있다. 내가 유튜브를 한다면 이런 채널들처럼 되도록 얼굴이 노출되지 않고, 영상 편집이 손쉬운 주제를 택할 것 같다.

네 번째, 인터넷 강의를 만드는 것이다. '클래스101' 등의 국내 온라인 클래스 사이트와 'Udemy', 'Skillshare' 등의 외국 온라인 클래스 사이트가 있다. 강의의 분야는 내가 전문성을 가지고 있고, 잘하는 주제로 선택하면 된다.

다섯 번째, 에어비앤비 사업을 하는 것이다. 전 세계 내가 살고 싶은 곳에 집을 사거나, 렌트비가 저렴한 공간을 빌린 후 숙박객을 받으면 된다. 여행 중에 한곳에 오래 머무르는 경우, 큰 집을 빌려 다른 여행객들이나 숙박객을 받아 여행 경비를 충당할 수도 있다. 숙박업소 외에도 파티 룸을 운영하는 등 콘셉트에 따라 다양한 방식으로 공간

대여 사업을 할 수 있다.

여섯 번째, 무자본 비즈니스를 하는 것이다. 유튜브 컨설팅, 웹 카피라이팅, 로고 제작 등 인터넷을 기반으로 하는 사업들은 무자본으로 블로그나 홈페이지를 제작하여 쉽게 시작할 수 있다. 홈페이지 제작은 'WIX'나 '워드프레스'라는 사이트에서, 로고 제작이나 섬네일 제작은 '망고보드'라는 사이트에서 할 수 있다. 무자본 비즈니스를 다룬 책 『게으르지만 콘텐츠로 돈은 잘 법니다』를 읽어보면 큰 도움이 될 것이다.

일곱 번째, 전자책을 만들어 판매하는 것이다. 평소 책을 출판하는 것에 관심이 있었다면, 전자책으로 시작해보자. 재능 판매 웹사이트 '크몽'에 전자책을 만들어서 판매하는 것이 가능하다. 만약 영어로 전자책을 작성할 수 있다면, 아마존의 '킨들'에서도 전자책 출판이 가능하다.

여덟 번째, 무역을 한다. 코너 우드먼의 『나는 세계일주로 경제를 배웠다』라는 책을 보면 저자는 실물 경제를 배우기 위해 직접 무역에 도전한다. 키르기스스탄에서 말을 사서 우즈베키스탄에 팔고, 수단에서 낙타를 사서 이집트에 팔고, 대만에서 우롱차를 사서 일본에 가서 판다. 중국에서 산 옥을 가공해서 대만에서 팔기도 하는데, 옥은 부피가 작으면서도 고가이니 시도해볼 만한 가치가 있겠다는 생각이 들었다. 온라인 구매를 통해 국가별로 가격 차이가 줄어들고 있지만,

현장에 직접 가야만 접할 수 있는 정보는 아직 많다. 외국에서는 흔한 것인데 한국에서 비싼 물건이나, 한국에서는 흔하지만 외국에서는 비싼 물건이 있다면 무역을 시도해보는 게 어떨까.

실제로 나는 멕시코 여행을 가서 현지의 젬스톤 도매상과 한국의 요가원을 연결해 준 경험이 있다. 원석과 동물의 뼈로 만든 장식품이 현지에서는 아주 저렴한데 비해 한국에서는 귀하기 때문이다. 멕시코 친구의 도움을 받아 소매상과 중간상을 찾아다녔고, 한국으로 배송까지 해줄 수 있는 도매상을 찾아냈다. 실제 가격과 도매가 등을 철저히 조사하여 사진으로 남겼으며, 한국의 요가원에 전달해주었다. 부피가 작고 한국에서는 현지 가격의 몇 배가 되기 때문에 무역을 하기에 괜찮은 물건이다.

아홉 번째, 투자가가 되는 것이다. 주식, 부동산, 미술품, 가상화폐 등 자신이 관심 있는 투자 종목이면 무엇이든 좋다. 부동산의 경우 대리로 계약을 맡길 수 있는 사람에게 서류를 미리 전달하고 매도 타이밍을 정해놓는다. 한국에 있을 때 부동산을 매수해도 되고, 해외에서 투자처를 발굴해 매수하는 것도 리스크 분산을 위한 방법이다.

열 번째, '엣시Etsy'라는 사이트에서 오픈 마켓 판매자가 되는 것이다. 한국에서는 무료로 구할 수 있는 디자인 파일들을 캐나다 사람들은 돈을 주고 산단다. 전 세계 사람들을 상대로 나의 재능을 판매할 수 있는 것이다. '미리캔버스'와 '캔바'라는 디자인 프로그램으로 간단하게 디자인한 이력서 양식, 카드, 로고 등을 판매할 수 있다. 수수료도 저렴하고, 전 세계 사람들을 상대로 나의 재능을 판매할 수 있다니 눈이 번쩍 뜨이지 않는가? 나는 엣시라는 사이트를 알고 나서는 두근대서 잠이 안 왔다. 블로그를 운영하면서 '미리캔버스'와 '캔바' 디자인 프로그램을 배웠으니, 엣시에 나만의 창작물을 올리는 것이 올해 계획 중 하나이다.

"활동적으로 돌아다니며 사람 만나는 것을 좋아하는 나에게
가장 적합한 삶의 방식은 '디지털 노마드'이다."

디지털 노마드를 위한 팁

디지털 노마드가 모이는 도시가 있다. 일단 물가가 저렴하고, 인터넷이 빠르며, 치안이 좋아야 한다. 그리고 '코워킹스페이스'(다양한 분야에서 독립적인 작업을 하는 사람들이 한 공간에 모여 서로의 아이디어를 공유하며 의견을 나누는 공간)와 일하기 좋은 카페들이 많아 온라인·오프라인 커뮤니티가 활발하다. '노마드 리스트Nomad List'라는 사이트에서 디지털 노마드족이 일하기 좋은 도시를 확인할 수 있는데, 내가 가장 선호하는 도시는 태국의 치앙마이이다. 개인 공간 임대 비용, 일정 수준 이상의 인터넷 속도가 보장되는 코워킹스페이스 이용료, 삼시 세끼 외식한다는 전제하에 식비를 포함하여 지출되는 총비용이 월 1082달러 수준이다. 커피나 생과일주스가 한 잔에 2달러, 번듯한 한 끼 식사가 3달러면 충분하고 음식도 맛있다. 마사지도 저렴하니 천국이 따로 없다. 발리 우붓도 요가를 좋아하는 사람들에게는 매력적인 선택지이다. 콜롬비아

메데인은 내가 머물러 보고 싶은 도시인데, 스페인어를 배우고 살사를 추면서 오래 머무르며 일해보고 싶다.

디지털 노마드는 '돈을 많이 벌겠어! 엄청 성공하겠어!'보다는 '흥미진진한 인생을 살고 싶어. 여행도 다니면서 적당히 돈도 벌고 싶어' 하는 사람에게 더 적합한 삶의 형태이다. 나에게 맞는 장소와 시간을 조절하며 일할 수 있는 것은 큰 행복이다. 나는 아침에 일어나서 글을 쓴다. 아침에 글이 가장 잘 써지며 창의적인 내용이 나온다는 것을 알기 때문에 몇 시간이고 쓰다 보면 가장 능률이 좋다. 오후에는 바깥 활동을 하며 돌아다닌다. 앉아서 일하는 것보다 돌아다니는 게 답답하지도 않고, 능률이 오른다는 것을 알기 때문이다. 어떤 날은 집에서, 어떤 날은 카페에서, 어떤 날은 도서관에서 책을 읽으며 일한다. 여행 중에는 바닷가 앞 카페에 가기도 하고, 호텔 로비에서 사람들의 에너지를 느끼며 일하기도 한다. 일이 잘 풀리지 않을 때 환경을 바꾸면 에너지가 샘솟고, 문제 해결의 실마리가 보인다. 스트레스 수치도 낮고 일의 효율도 높아진 지금. 나는 나의 근무 환경에 그 어느 때보다 만족한다.

여행을 하며 일을 할 수 있는 직업을 얻는 것도 디지털 노마드가 되는 또 하나의 방법이다. 나는 한때 외항사 승무원이 되어볼까 생각해 본 적이 있다. 나의 페루 친구는 호텔업계에서 일하다가 크루즈 승무원으로 전직했다. 미국 플로리다에서 출발하는 크루즈를 타고 전 세계를 항해했는데, 힘들었지만 결코 잊지 못할 경험이라 하였다. 페루에서 만났던 또 다른 뉴욕 친구는 요가 선생님을 하면서 페루에서 머물고 있었다. 대기업을 그만두고 사진작가가 된 친구도 전 세계의 패션 위크를 돌며 여행 경비를 조달했다. 세계 일주를 3번 넘게 다녀온 한국 친구는 말레이시아에 거주하는데, 때때로 스쿠버 다이빙 강사로 일하면서 이집트 다합에 가기도 하고 태국에서 머물기도 한다. 디지털 노마드는 이처럼 다채로운 삶을 살 수 있다.

디지털 노마드가 되려면 준비가 필요하다. 퇴사하기 전 생활 유지가 가능한 소득원을 미리 만들어 두거나, 디지털 노마드가 가능한 분야로 이직을 하자. 디지털 노마드의 삶을 더 깊이 알고 싶다면 『원하는 곳에서 일하고 살아갈 자유, 디지털 노마드』라는 책과 다큐멘터리 〈One Way Ticket〉을 추천한다.

디지털 노마드에게 유용한 웹사이트

① **노마드 리스트(nomadlist.com)** : 디지털 노마드가 머물기 좋은 약 500여 개의 도시를 날씨, 생활비, 인터넷 속도 등의 기준을 바탕으로 정리해 놓은 사이트이다.

② **텔레포트(teleport.org)** : 디지털 노마드의 직업, 거주하고 싶은 도시, 예상 생활비 등을 입력하면 그에 맞는 도시 정보를 제공하는 사이트이다.

③ **리모트 이어(remoteyear.com)** : 1년 동안 세계 여행과 일을 동시에 할 수 있도록 도와주는 사이트로 비용을 지불하면 항공권부터 숙소

까지 여행에 필요한 것들을 제공한다.

④ **해커 파라다이스(hackerparadise.org)** : 개발자, 디자이너, 기업가로 구성된 그룹으로 여행을 하며 원격으로 일하는 사람들의 모임이다.

⑤ **리모트 OK(remoteok.io)** : 원격 근무를 시행 중인 기업의 채용 공고를 확인할 수 있는 사이트이다. 사용자가 원하는 직군을 설정하면 그에 해당되는 채용 공고를 메일로 보내주는 서비스도 제공한다.

디지털 노마드에게 유용한 애플리케이션

① **구글 드라이브** : 작업물을 저장할 수 있는 서버를 제공하는 클라우드 서비스이다. 팀원들과 공동으로 작업할 때 실시간으로 자료를 공유할 수 있고, 개인의 작업물도 저장할 수 있다. 네이버, 애플, 아마존에서도 클라우드를 제공하며 디지털 노마드에게 클라우드 서비스는 필수다. 나는 1년 동안 여행할 때 외장 하드 2개와 구글 드라이브에 동일한 자료를 백업해두었다. 100GB를 제공하는 1년 정액제 요금이 24,000원이므로 경제적이다.

② **Zoom** : 무료 화상 회의 애플리케이션이다. 별도로 가입하지 않고 카카오톡으로 링크만 보내줘도 입장할 수 있어 사용이 편리하다. 동시에 다수의 사람이 접속이 가능하고, 채팅도 가능하여 강의 개설을 목적으로도 활용한다.

③ **에어비앤비** : 저렴한 가격으로 오래 머무를 수 있는 숙박 공유 서비스이다. 집 주인의 취향대로 꾸며진 숙소에서 현지인의 삶을 느껴볼 수 있다는 점이 매력적이다. 긴 기간을 예약하면 집 주인과 협상하여 할인을 받을 수 있다.

④ **스카이스캐너** : 모든 항공권의 가격 정보를 한눈에 보여준다. 저가 항공사의 경우 항공료는 저렴해도 수화물 규정이 엄격하거나 추가 비용을 지불해야 할 수 있으므로 꼼꼼하게 체크하는 것이 좋다.

"어떤 날은 집에서, 어떤 날은 카페에서, 어떤 날은 도서관에서
책을 읽으며 일한다."

블로그로
월 천만 원 버는 사람들

2013년에 여행과 음식을 주제로 블로그를 운영했던 적이 있다. 당시 블로그 방문자가 많은 날은 800명이 넘었다. 그때는 그게 쉬운 일인 줄 알았다.

네이버 블로그 검색 알고리즘에 따라 방문자 수가 달라진다는 것을 올해 블로그를 '제대로' 시작하면서 알게 되었다. 블로그를 잘하고 싶은 마음에 두 개의 블로그 강의를 들으면서 블로그에 글을 올리기 시작했다. 신경 써서 글을 올리려니 글 하나에 몇 시간의 정성을 쏟곤 했다. 생산자가 된다는 것은 삶의 자세도 전환하는 것이다. 타인의 글을 소비하는 소비자에서 생산자가 되니 어떤 소재로 글을 써야 할지 고민하게 되고, 꾸준히 글을 올렸을 때의 성취감도 느낄 수 있었다.

나에게 글쓰기는 감정을 표현하는 도구이다. 한 살 두 살 나이를 먹어가니 가끔은 나의 모든 고민을 누군가에게 털어놓기가 어려웠다.

189

그럴 때면 나는 일기를 쓴다. 글로써 나와 대화하는 시간을 가지다 보면, 고민하던 문제가 풀리고 답답한 마음도 후련해지곤 했다. 책의 원고를 쓰면서도 몰입을 하면 시간 가는 줄 모르고 쓰고 있는 내 모습을 발견하곤 했다.

혼자만 간직하던 글을 공개적인 공간에 올리니 내 글을 읽고 '위로를 받았다', '공감이 된다', '응원한다'는 댓글이 달리기 시작했다. 블로그를 하면서 인생의 멘토를 만나기도 하고, 같은 길을 가는 사람들을 만나게 되었다. 블로그 강의를 같이 들은 동기들과는 부산에서 만남을 갖기도 하고, 두근거리는 마음으로 함께 프로젝트를 계획하기도 했다. 사실 그래서 나에게는 블로그가 수익화의 도구보다도 '연결의 장소'였다는 생각이 든다. 나도 블로거들에게 많은 영향을 받았다. 인도 여행 중 만났던 '독도해금소녀'님의 블로그를 보고 세계 여행을 꿈꿨고, '이상커플'님의 블로그를 보며 온라인 사업에 관심을 가졌다. 또한 '미쉘'님의 블로그를 보며 디지털 노마드와 사업, 부동산의 연결고리를 생각하는 계기가 되었다.

영상 매채가 대세라고 하지만, 블로그를 완전히 대체할 수는 없다. 블로그는 나의 삶과 생각을 깊이 있게 보여줄 수 있다. 블로그를 하는 사람들은 글쓰기를 좋아하고, 생각이 깊은 사람들이 많다는 인상을 받았다. 그래서인지 다른 SNS보다 상대적으로 악성 댓글도 적게 달린다. 유튜브와 인스타그램이 급속도로 성장했지만, 블로그만의 매력을 대체할 수 없는 이유다. 블로그를 잘 키워두면 써두었던 글을 모아 책으로 출판을 할 수도 있다.

블로그로 수익을 창출할 수 있는 방법은 정말 다양하다. 지금부터 몇 가지 방법을 소개한다.

1. 쿠팡 파트너스, 제휴 마케팅

블로그를 다시 시작할 때 나의 고민은 'C랭크'였다. 네이버 검색 알고리즘 중에 'C랭크'라는 게 있는데, 블로그에 한 주제의 글을 집중적으로 올리는 게 블로그를 키울 때 더 유리하다는 것이다. 처음에는 나의 다양한 관심사를 모두 올리고 싶었고, 제일 먼저 떠오른 주제는 '여행'이었다. 그러나 코로나가 창궐하는 와중에 '세계 여행'을 검색하는 사람은 많지 않았다. 내가 2020년에 집중했던 분야는 '재테크'였기 때문에 '비즈니스', '경제' 분야를 주제로 블로그에 글을 올리기 시작했다.

블로그 초보자들이 수익 창출을 위해 시도하기 좋은 것으로 쿠팡 파트너스가 있다. 쿠팡 파트너스는 쿠팡에서 운영하는 온라인 제휴 마케팅 서비스이다. 블로그, 홈페이지, SNS 등을 사용하는 사람이라면 누구나 시작할 수 있다. 블로거가 생성한 광고 링크와 배너로 고객이 접속하여, 접속 시간 기준 24시간 내에 발생한 모든 구매액의 수익이 집계되며 결제된 최종 금액의 3%를 수익으로 적립 받는다. 나는 딱히 글재주도 콘텐츠도 없는 것 같아 어떤 주제로 블로그를 시작해야 할지 고민이 된다면 쿠팡 파트너스로 경험을 쌓아보자. 이 경험을 토대로 추후 블로그 강의를 하거나 콘텐츠로 만드는 것도 좋은 방법이다.

2. 애드포스트

유튜브 영상을 시청할 때 중간중간 광고가 나오는 것은 누구나 알 것이다. 블로그도 일정 조건이 충족되면 글 중간중간에 광고를 삽입하고 네이버로부터 대가를 받을 수 있다. '애드포스트'는 미디어에 광고를 게재하고 광고에서 발생한 수익을 배분 받는 수익 공유 서비스다. 유튜브에 비해 많이 약소하긴 하지만, 오랫동안 포스팅을 해온 블로거들은 인세처럼 쏠쏠한 수익을 얻는다.

3. 블로그 강의

블로그 강의는 내가 시도했던 방식이다. 나는 '자유의지'님의 블로그 강의가 좋은 롤 모델이라고 생각한다. 강의료가 12만 원이고, 수강생은 800명이 넘는다. 12만 원 × 800명 = 대략 1억 원을 블로그 강의를 통해서 벌 수 있다니…! 심지어 강의 기간도 한 달 정도이다. 직접 강의를 들어보니 시스템 구축을 정말 잘했다는 생각이 들었다. 수강생은 강의를 들으면서 30일 동안 1일 1포스팅 미션을 완수해야 한다. 강사님은 800명의 수강생이 있는 단체 채팅방에 꼼꼼히 질의응

답을 해주셨다. 미션을 완수한 사람들은 중급반으로 초대되어 또 다른 강의를 들을 수 있었고, 증급반 이후 블로그 수익화 스터디에서 다시 1일 1포스팅을 수행하는 방식으로 강의가 진행되었다. 온라인으로 진행하는 강의이기 때문에 처음에 시스템을 구축하는 것이 어렵지, 한번 구축해두면 자동화되어 확장되는 범위와 속도가 빠르다. 가히 '온라인 건물주'라고 불러도 좋을 듯하다. 무엇보다도 합리적인 강의료에 많은 사람들에게 긍정적인 영향을 끼칠 수 있다는 점에서 좋은 사업 모델이라는 생각이 들었다.

'미쉘'님의 블로그 강의도 좋은 롤 모델이다. 10년이 넘는 기간 동안 블로그를 해왔으며, '국제디지털노마드협회'를 운영하고 계신 분이다. 30일 동안 진행되는 블로그 강의에서 주 5회 과제를 제출하고, 과제에 내한 피드백을 제공한다. '자유의지'님과는 다른 방식으로 강의를 진행하지만, 마케팅 전반을 배울 수 있었고 온라인 사업 샘플도 볼 수 있다.

나의 블로그 이웃이자 친구인 '디아노마'님은 블로그에서 스마트폰 사진 강의를 운영하고 있다. 우리의 인연은 이렇게 시작됐다. 나는 멕시코로 가려던 참에 코로나로 비행기가 취소되었고, 디아노마님은 멕시코에 있던 중에 코로나가 터져 한국에 귀국한 우연이 겹쳐 만난 재미있는 인연이다. 블로그 수익화에 집중하여 3개월 만에 월 천만 원 수익을 달성하였고, 지금도 성공적으로 강의를 진행하고 있다.

4. 블로그 공동구매 마케팅

스마트스토어와도 연계할 수 있는 분야이다. 도매상에서 상품을 납품받아 블로그 공동구매나 스마트스토어에서 판매하는 방식이다. 블로그에 상품을 소개하는 글을 작성해서 스마트스토어 링크로 연결해도 되고, 블로그에서 직접 판매도 가능하다. '블로그 마켓'이 도입되어 블로그에 상품 소개 글을 올리고, 네이버 페이로 결제가 가능하게 되었다. 덕분에 네이버 블로그가 이전보다 더 활성화되지 않을까 기대가 된다.

5. 블로그 체험단

블로그를 전업으로 한다면 생활비를 크게 절감할 수 있다. 바로 체험단 때문이다. 체험단에 선정되면 생필품, 음식점, 미용실, 공연 등을 무료로 체험하고 블로그에 글을 올린다. 티끌 모아 태산이라고 여러 개의 체험단을 진행하면 월 몇백만 원어치의 상품과 서비스를 제공받는 사례도 부지기수다. 나도 체험단을 몇 번 해보았는데 블로그에 포스팅을 해야 하는 수고로움이 있긴 하지만, 블로그를 운영할수록 자신만의 글쓰기 방식이 생기기 때문에 고민하는 시간이 줄어든다. 체험단의 경우 키워드 검색으로 사람들이 유입되어야 하기 때문에 상위노출 키워드와 유효 키워드를 뽑는 방법을 알아야 한다. 블로그 체험단은 시간과 노력을 단축시키는 블로그 마케팅 강의를 듣고 시작하는 것을 추천한다. '고샤크'님의 블로그 체험단 강의가 유명하다.

6. 블로그 사업자

블로그 마케팅 강의를 들으면서 동기 중에 자신의 사업을 운영하는 분들의 사례를 볼 수 있었다. 나의 블로그 이웃 중에 수제청과 건강 다과를 판매하는 '미미정'님이 있다. '미미정'님은 블로그를 시작하고, 스마트스토어를 개설해 상품 체험단을 모집했다. 이후 매출이 크게 상승했고, 수제 간식을 만드는 강의까지 진행했다. 코로나 이후 온라인 강의, 온라인 상품의 수요가 늘어나고 있다. 카카오톡 플러스친구로 사업 채널을 만들고 인스타그램, 블로그, 스마트스토어를 만들어 온라인 마켓을 시작해야 한다.

'유키즈야야'님은 광주에서 유치원을 운영하고 있다. 블로그를 보고 유치원에 상담을 온 분들은 신뢰도가 높기 때문에 상담이 수월하다고 했다. 블로그는 주인장을 보여주는 가장 강력한 브랜드이다. 즉 블로그는 홍보 외에도 신뢰 구축에도 용이하다는 것이다.

마케팅을 직접 공부해보니 배우면 간단한 것들을 마케팅 회사에 맡기면 수백만 원을 줘야 한다는 사실을 알고 깜짝 놀랐다. 설사 홍보 직원에게 일을 맡기더라도 내가 마케팅의 기본적인 사항들을 파악하고 있다면 사업 계획 및 진행이 수월하다.

블로그를 시작하면서 '캔바', '미리캔버스', '망고보드'로 섬네일을 제작하고, 카드뉴스를 만들어보기도 하면서 디자인 실력을 길렀다. 포토샵보다 훨씬 쉽고 간단하게 블로그 스킨도 만들 수 있어 강력 추천하고 싶다.

7. 블로그 원고 작가

마케팅 회사 홈페이지에 들어가면 사업주를 위한 블로그와 인스타그램을 만들어 주는 패키지 상품을 볼 수 있다. 카카오톡 채널 개설부터 블로그 상위 노출까지 모든 것을 전담해주는데, 이 과정에서 블로그 글을 써주는 것이 원고 작가이다. 사업체로부터 원고 대행 의뢰를 받고, 타깃 독자를 선정하여 유효 키워드를 뽑아서 글을 쓴다. 블로그 조회수에 따라서 책정되는 금액이 다르다. 초보 마케터의 경우 글 하나 당 5만원 정도를 받지만, 포트폴리오가 쌓일수록 금액은 상향된다.

"블로그는 사람들과의 '연결의 장소'가 되기도 하고,
수익을 창출하는 '작은 사무실'이 되기도 한다."

이유가 분명해야
달릴 수 있다

인생을 게임 치트 키를 쓰듯 쉽게 살아나갈 수 있다면 얼마나 좋을까? 하지만 성공적인 인생을 사는 방법은 사실 아주 간단하다.

- 돈을 많이 벌고 싶으면 수입을 늘리고 지출을 줄이면 된다.
- 살을 빼고 싶으면 덜 먹고 더 움직이면 된다.
- 공부를 잘하고 싶으면 오늘 배운 내용을 오늘 다 공부하고 넘어가고, 시험 볼 때에 그 내용을 잊지 않으면 된다.

그런데 왜 사람들은 실패하는 걸까? 작심삼일로 그치기 때문이다. 작심삼일로 그치는 이유는 '애써 노력해야' 하기 때문이다. 힘들고, 어렵고, 하기 싫은 일을 내가 하고 싶은 것을 희생해가며 지속하기란 쉽지 않다. 공부 때문에 게임을 못한다고 생각하면 짜증이 나고, 보상 심리가 발동한다. 게다가 누군가가 시켜서 억지로 해야 하는 일이라면 더더욱 효율이 낮을 수밖에 없다. 무언가를 할 때에 스스로가 납득할 만한 이유가 있어야 '주체적으로' 최선을 다할 수 있다.

　고등학교 시절 공부를 왜 해야 하는지 진지하게 의미를 생각했었다. 인문계 고등학교에 진학하면서 성적이 좋은 아이들이 모이니, 아무래도 성적이 더 떨어질 수밖에 없었다. 꼭두새벽에 학교에 가서 밤늦게까지 야간 자율 학습을 하는 생활에 적응이 되지 않았다. 이유가 없으면 자발적으로 이어나가기 쉽지 않은 생활이니까, 이유를 찾으려고 치열하게 고민했다. 왜 공부해야 하는지, 왜 명문대에 진학해야 하는 것인지 말이다.

　처음에는 인정받고 싶었다. 자존심이 상했다. 학교 선생님에게도, 학교 친구들에게도 인정받고 싶었다. 똑같은 시간을 학교에서 보내는데 좋은 결과를 내고 싶었다. 학교가 싫지만 그렇다고 중퇴를 할 것도 아니고, 집이 싫었지만 가출을 할 것도 아니었다. 기왕 이곳에서 있을 거 잘해버리는 게 낫다고 생각했다. 어린 시절부터 보았던 사촌 오빠가 서울대에 진학했고, 사촌 오빠 문제집을 고등학교 1학년 겨울방학 때 넘겨받으면서 엄청난 자극을 받았다. 학원도 안 다니고, 과외 한 번도 받지 않은 사람도 해냈으니 나도 할 수 있으리라 확신했다. 서울에 가고 싶었다. 집을 벗어나서 독립해서 살아보고 싶었다. 재밌는 대학 생활도

해보고 싶었다.

이유를 찾고는 내가 정말 무엇을 하고 싶은지 생각했다. 도서관에서 공부하며 내가 읽고 싶은 책들을 빌려 놓고 공부하는 틈틈이 쉬는 시간에 읽었다. 책을 읽는 순간만큼은 도서관을 벗어나 어디든 갈 수 있었다. 자기계발서도 그쯤 읽기 시작했던 것 같다. 공부법 관련 서적, 여행 서적, 자기계발서 등을 읽으며 어떻게 하면 잘 살아갈 수 있을지를 고민하는 그 시간들이 귀하고 즐거웠다. 가고 싶은 곳, 되고 싶은 것, 하고 싶은 일을 틈틈이 노트에 적었다. 세계 여행도 하고 싶고, 외국에서 근무해보고 싶었다. 유학도 가보고 싶었고, 멋진 커리어 우먼이 되고 싶었다. 돈도 적당히 잘 벌면서 사람들을 돕는 일을 하고 싶었다. 나는 문과였기 때문에 선택할 수 있는 선택지가 한정적이었다(이과도 마찬가지이지만). 전문성을 가질 수 있는 진로는 법대에 진학하여 법관이 되거나, 외교관이 되거나, 교육대에 진학해서 교육자가 되거나, 한의대에 지원해서 한의사가 되는 것이었다. 이모가 선생님이었고, 어머니도 사범대를 나오셨기 때문에 교육자가 되고 싶다는 생각을 중학생 때부터 해왔다. 이와 같은 이유로 사범대는 일순위였고, 결국 나는 차순위였던 교대에 진학하게 되었다.

고등학교 2학년 때 담임 선생님께서 내 옆에 있는 친구들이 내 동지가 되어야 한다고 말했다. 전국에 있는 나와 같은 대학교의 학과를 지망하는 사람이 나의 경쟁자이며, 내 옆에 있는 친구들은 나의 동지이니 서로를 잘 도와야 한다고 했다. 차갑게 느껴졌던 학교가 조금은 따뜻해졌다. 친구들을 도우려고 했다. 타인을 도움으로써 내 마음도 편해진다는 것을 그때 깨달은 것 같다. 아주 작은 생각의 차이가 삶을 크게 바꾼다. 마음에 새기고 싶은 명언들을 책상 위에, 다이어리에 붙여 두었다. 가장 중요한 것은 내적 동기였다. 내적 동기가 생기니 방법은 어떻게든 찾아졌다. 성적을 잘 받아야겠다는 이유가 분명해지니 그 무엇보다도 목표 달성이 내게 중요했다. 눈을 뜨고 있는 모든 시간을 쪼갰다. 쉬는 시간, 심지어 화장실 가는 시간까지도. 화장실을 갈 때에는 영어 단어장을 호주머니에 넣고 다녔다. 외적 동기가 내적 동기로 바뀌어갔다. 경쟁자를 이기고 싶고 인정받고 싶은 자존심과 분노의 에너지가 점점 공부 자체를 즐기는 에너지로 바뀌기 시작했다. 치열했던 고등학교에서의 2년이 흘렀고 나는 한층 강인해졌다.

이유가 없으면 달리기 어렵다. 공부를 해야 하는 이유가 무엇인지 스스로 많이 고민을 해보았으면 좋겠다. 모두가 대학교에 진학할 필요는 없다고 생각한다. 최선을 다해서 무언가를 성취했을 때, 사람은 성취감을 느끼고, 자신감을 얻게 된다. 그게 공부든 무엇이든 최선을 다하는 경험을 학생들은 가져봐야 한다. 최선을 다했다면 설령 실패하더라도 그 자체로 아름답다.

공부는 하나의 예시이다. 나는 어떻게 살고 싶다는 삶의 목적이 있는가? 그 목적을 위해 당신이 이루고 싶은 목표가 있는가? 있다면 그 이유는 무엇인가? 거창할 필요는 없다. 성적 향상, 외국어 실력 향상, 다이어트, 혹은 나는 100개의 게임을 마스터해버리겠다는 목표도 괜찮다. 나의 목표와 이루고 싶은 이유를 분명하게 적어보자.

Q. 내가 이루고 싶은 목표는 무엇인가?

_____

_____

_____

Q. 이유를 분명하게 적어보자.

_____

_____

_____

원하는 목표를
이루는 방법

내가 이루고 싶은 목표와 그 이유를 찾았다면 다음 단계는 실행 계획을 구체화하는 것이다. '머리 좋은 사람은 노력하는 사람을 이길 수 없고, 노력하는 사람은 즐기는 사람을 이길 수 없다'는 명언을 흔히들 들어보았을 것이다. 이 명언에서 목표 성취의 단계를 살펴볼 수 있다. 나는 이 명언에 한 단계를 더 추가한다. '그냥 하는 것'이다. 아무 생각 없이 무념무상의 상태로 그냥 하는 것.

타고난 재능 → 노력 → 즐기기 → 그냥 하기

처음부터 무언가를 잘하는 사람은 아무도 없다. 처음 영어를 배울 때를 떠올려보자. 알파벳부터 시작하고 계속해서 단어와 문장을 외운다. 타고난 언어 재능이 있다면 남들보다 좀 더 빠르게 습득할 수 있겠지만, 꾸준한 노력으로 공부량이 쌓이게 된다. 공부량이 쌓이면 기존에 공부했던 내용들이 연결되면서 실력이 상승되는 것을 느낀다. 점점 영어 공부에 재미가 붙고, 더 잘하기 위해 노력하는 과정에서 영어 공부를 즐길 수 있는 방법을 찾는다. 그러다 보면 어느새 영어는 나의 일부가 되어 있고, 별생각 없이 '그냥' 구사할 수 있게 되는 것이다.

원하는 목표를 이루는 실천 과정에서 중요한 두 가지 능력이 있다. 바로 '메타인지'와 '플래닝'이다.

나를 바라보는 객관적인 눈 : 메타인지

메타인지는 내가 아는 것과 모르는 것을 정확하게 판단하고, 스스로 문제점을 찾아내서 해결하는 인지력을 의미한다. 메타인지 능력이 뛰어난 사람은 자신을 정확하게 이해하고 평가하는 것이 가능하다. 그래서 어떤 일을 수행하거나 배우는 과정에서 자신에게 어떤 구체적인 계획과 능력이 필요한지를 알고, 이를 바탕으로 효과적인 전략을 적절히 사용할 수 있다.

메타인지는 일기를 쓰거나 독서를 하며 사색하는 과정에서 길러진다. 나를 객체로 두고 제3자의 시선으로 바라보며 스스로를 분석하는 습관을 들이는 것이다. 이것은 모든 부분에 적용이 가능하다. 예를 들어 내가 외국어 영역의 점수가 잘 안 나온다고 해보자. 그렇다면 어떤 유형의 문제를 자주 틀리는지 먼저 파악해야 한다. 듣기, 말하기, 쓰기, 읽기 중에 취약한 분야를 파악하고, 적절히 시간을 배분하여 공부 계획을 세워야 한다. 또는 만약 내 삶이 행복하지 않다면 어떤 이유 때문에 불행한지, 어떻게 헤쳐나갈 수 있는지 객관적으로 바라볼 수 있어야 한다. 메타인지로 문제와 원인을 파악하고 해결책을 생각한 다음, 구체적으로 실행해 나가는 방법은 '플래닝'으로 완성된다.

구체적인 계획을 세우는 습관 : 플래닝

자, 지금부터 구체적인 계획을 세워보자. 처음에는 '프랭클린플래너', '스터디 플래너' 등 정해진 틀이 있는 다이어리로 시작해보는 것을 추천한다. 정해진 틀을 따라서 계획을 세워본 후, 방법을 알게 되면 자신만의 다이어리를 만들 수도 있다. 나는 간소한 것을 선호해서 일정이 생기면 휴대폰의 '캘린더'에 날짜와 시간, 내용을 먼저 저장한 후 'Evernote'라는 앱에 한 번 더 스케줄을 적어둔다. 다이어리에는 매일의 일정을 적고, 일기를 간단하게 써서 나의 일상을 기록한다. 이렇게 일기로 매일 하루를 기록해두면 어떤 일이 있었는지, 나는 어디쯤 왔는지 되돌아보는 이정표가 되어준다. 또한 번쩍이는 아이디어나 새로 알게 된 내용이 있다면 덧붙여서 적어둔다. 메타인지로 현재의 나를 객관적으로 바라보고, 플래닝으로 계획을 수립하여 실행해보자.

1. 내 인생에서 이루고 싶은 것들이 무엇인지 먼저 적고, 중요한 가치에 따라 우선순위를 정한다.

   예 인생 마스터플랜, 버킷 리스트

2. 나의 강점과 약점을 명확하게 파악한다.

3. 나의 취약한 부분을 해결하기 위한 방법을 찾고, 구체적인 실천 목표를 적는다.

4. 목표를 연 단위, 월 단위, 주 단위, 일 단위로 세분화한다.

5. 목표는 구체적으로 적는다.

   예 4월 말까지 체중을 2kg 감량한다. 일주일에 0.5kg씩 뺀다.

6. 주변 사람들에게 공개적으로 선언한다. 선언하면 지킬 확률이 더 높아지기 때문이다.

7. 구체적인 실천 계획을 세운다.

   예 매일 점심시간에 줄넘기를 500개씩 한다.

애쓰지 마,
그냥 하면 돼

'마시멜로 이야기' 일화를 아는가? 4살 아이들을 각자 다른 방에 있게 한 뒤, 아이 앞에서 탁자 위에 마시멜로 하나를 올려놓는다. "내가 나가 있는 15분 동안 마시멜로를 먹지 않고 기다리면, 15분 뒤에 마시멜로 하나를 더 줄 거야"라고 말한 뒤 선생님은 방을 나간다. 15분 후 마시멜로를 먹지 않은 아이에게 약속한 대로 마시멜로 하나를 더 준다. 10년의 세월이 지나 그 아이들을 대상으로 설문 조사를 했는데, 15분 동안 마시멜로를 먹지 않고 기다린 아이가 기다리지 않은 아이보다 집중력과 학습력 등 전반적인 부분에서 우수했다고 한다. 유혹을 참고 견뎌야 성공할 수 있음을 보여주는 일화이다.

미래의 행복을 위해 지금의 유혹을 뿌리쳐라. 맞는 말이다. 그러나 모든 즐거움을 유보하면 삶이 너무나 피폐해진다. 마시멜로를 지금 먹으면서도 미래에 성과를 내는 방법은 없는 걸까?

내가 지금까지 인생에서 치른 큰 시험은 '수능'과 '임용고시'이다. 수능보다 임용고시가 시험 자체는 훨씬 힘들었지만, 즐겁게 준비했고 결과도 더 좋았다. 이유는 즐겼기 때문이다. 수능은 그야말로 '노력'이었다. 스스로에게 엄격했다.

"절대 재수는 없어. 죽을힘을 다해. 아직도 이것밖에 못했니?"

스스로를 압박하고 스트레스를 꾹꾹 누르며 의지로 이어갔던 공부는 결국 시험 당일 최악의 컨디션으로 돌아왔다. 친구가 사준 초코바 4개를 먹으며 간신히 시험을 치르고, 집에 돌아와서 쓰러지듯 침대에 누웠던 기억이 난다. 너무 비참했다. 고등학교 2학년과 3학년 때는 공부에만 집중하자고 생각해서 친구들과 놀러 다닌 기억도 별로 없다. 2년이 인생에서 삭제된 시간 같았다.

그에 비해 임용고시를 준비하는 기간은 수능보다는 힘들지 않았다. '난 어차피 붙을 거야. 몇 등으로 붙을지가 문제일 뿐' 이렇게 자기 최면을 걸었다. '혹시나 떨어지면 기간제 교사하면서 다시 준비하면 되지'라고 마음을 편하게 먹었다. 스스로를 늘 격려해주었다. '하루 종일 앉아서 공부하느라 수고 많았다. 정말 대단하다'라며 나에게 작은 보상들을 주었다. 맛있는 음식을 먹기도 하고, 아침에는 수영장에 가서 스트레스를 풀었다. 평소에 가지고 싶었던 것을 스스로에게 사주기도 했다.

애쓰지 말고 즐기면서 하자

공부, 일, 과제 등을 할 때 처음부터 즐기기는 쉽지 않다. "공부에는 왕도가 없다"라는 명언이 있다. 왕도가 없으니 다양하게 시도해보고, 원하는 목표를 얻기 위해 즐기는 방법을 스스로 만들면 된다.

1. 내가 어떤 방법으로 공부(일, 과제)를 했을 때 즐거운지 떠올려본다.
   - 어떤 환경에서 : 집, 도서관, 카페 등
   - 누구와 : 혼자, 함께 등
2. 내가 즐길 수 있는 방식과 환경을 조성한다.
   - 친구와 스터디하기
   - 미드를 보며 영어 공부하기
   - 외국 친구와 꾸준히 만나 영어로 대화하기
3. 목표한 분량을 끝냈을 때 나에게 줄 수 있는 소소한 보상 목록을 만든다.
   - 맛있는 음식을 먹는다. 개운하게 목욕을 한다. 스스로에게 선물을 사준다. 공연을 본다. 영화를 본다. 책을 읽는다.

지금 하고 있는 일에 적용할 방법을 떠올려보자. 나에게 어떤 식으로 보상해 줄 수 있을까? 내가 지금까지 다녔던 많은 여행들이 나에

게는 일종의 보상이었다. 나를 위한 보상 목록을 만들어보자. 물건이
든 경험이든 나를 행복하게 하는 것을 스스로에게 선물하자.

의지는 약하고 습관은 강하다

습관의 사전적 정의는 이러하다.

'어떤 행위를 오랫동안 되풀이하는 과정에서 저절로 익혀진 행동
방식.'

하루하루가 모여서 인생이 된다. 습관은 무언가에 익숙해져 아무런
생각 없이 우리가 하는 행동이다. 습관처럼 다리를 계속해서 꼬다 보
면 골반이 틀어지는 것처럼 말이다. 이처럼 별생각 없이 꾸준히 하기
때문에 습관을 잘 이용하면 애쓰지 않고 목표를 성취할 수 있다. 일
또는 공부를 하다 보면 중간에 슬럼프에 빠지거나 길을 잃을 때가 분
명히 온다. 대부분의 원인은 나의 놀고 싶은 욕구를 희생해서 하기 싫
은 일과 공부를 해야 한다고 생각하는 데에서 온다. 그래서 일과 공부
가 즐겁게 느껴지도록 즐기면서 하는 방법을 찾거나, 밥 먹듯 당연하
게 습관화하자. 별생각 없이 습관처럼 하는 행동이 사실은 아주 강력하
게 삶을 바꿀 수 있다. 하루하루 우리가 하는 행동은 미미해 보이지만,

낙숫물이 바위를 뚫듯 작은 습관들이 쌓이면 큰 변화가 일어난다. 의지는 약하고 습관은 강하다.

좋은 습관 리스트 예시

- 긍정적으로 생각하는 습관
- 아침에 독서를 하는 습관
- 매일 경제 신문을 읽는 습관

내가 가지고 싶은 습관

-
-
-

내가 영어를 '공부'하지 않고, 자연스럽게 원어민과 대화를 나누는 수준까지 갈 수 있었던 이유도 습관 덕분이다. 휴대폰의 기본 언어를 영어로 설정하고, 구글과 유튜브에 습관적으로 정보를 영어로 검색해 본다. 유튜브 영상을 영어로 자주 보고, 넷플릭스를 시청하되 영어 자막을 설정하거나 자막을 아예 띄워놓지 않고 본다. 외국인 친구와 메신저로 이야기를 나누고, 영어로 통화한다. 가끔 여행자의 이야기를 듣고 싶을 때는 카우치 서핑의 'Hangout' 기능을 활용해서 여행자를 만나 신나게 영어로 수다를 떤다. 또한 영어 말하기 모임도 꾸준히 참여한다.

건강도 습관을 통해 유지할 수 있다. 대중교통을 이용하고, 도착지 한 정거장 전에 내려서 걷는다. 휴대폰에 'Samsung Health' 앱을 설치하고, 오늘 하루 동안 걸은 총 걸음 수를 체크해서 매일 1만 보를 넘기도록 한다. 백설탕 대신 유기농 황설탕을 사용하는 등 집에서 먹는 식재료도 좀 더 건강한 것으로 바꾼다. 카페에서 음료를 주문할 때도 고칼로리의 단 음료보다는 깔끔한 허브티를 주문한다.

습관이 형성되는 데는 21일 정도의 훈련이 필요하다고 한다. 내가 가지고 싶은 습관으로 체크 리스트를 만들어서 꾸준히 실천해보자.

습관 체크 리스트	1	2	3	4	5	6	7	8	9	10	11	12	13	14	15	16	17	18	19	20	21

인생을 풍요롭게 만드는
나만의 견고한 취향

세상이 미울 때, 음악이 날 위로해주네.
So you gotta be strong you gotta hold on and
love yourself.

가수 윤미래의 〈검은 행복〉이라는 노래 가사에 나오는 한 대목이다. 그녀는 한국인 어머니와 흑인 아버지 사이에서 태어난 혼혈이다. 어린 시절 미국에서 자란 그녀는 혼혈이라는 이유로 그 어느 무리에도 껴주지 않아 굉장히 외로웠다고 한다. 때로는 친구도 가족도 아닌 음악이 내 마음을 누구보다도 깊이 위로해 줄 수 있다. 이처럼 나만의 견고한 취향은 인생을 함께 살아가는 동반자와도 같다. 20대의 나는 어떤 것을 좋아하는 사람인지 스스로 답하고 싶었다. 12년이 흐른 지금, 이제는 답할 수 있다. 나는 이런 걸 좋아하는 사람이라고.

내가 애정하는 악기는 피아노이다. 세상이 미울 때 음악이 날 위로해준다는 그녀처럼, 나도 피아노를 치는 순간에는 손가락의 감각과 악보, 선율에만 집중할 수 있었다. 피아노의 시인 '쇼팽'을 특히나 사랑했기 때문에 폴란드 여행을 하며 쇼팽 생가를 방문했다. 그곳에서 피아니스트가 연주하는 〈쇼팽 발라드 1번〉을 들었을 때의 벅찬 감동은 지금도 잊을 수 없다.

중남미 여행을 하면서는 '사교댄스(소셜댄스)'의 매력에 빠졌다. '살사'로 유명한 나라에는 쿠바와 콜롬비아가 있다. 나는 쿠바에 며칠 머물며 살사를 배워보았다. 해파리보다 유연하게 턴을 도는 쿠바 사람들을 보며 감탄했고, 나도 멋지게 춤을 추는 살세라(살사를 추는 여성을 일컫는 말이다)가 되고 싶었다. 여자는 비교적 살사를 배우기 쉽다. 살사는 남성이 리드하는 춤이기 때문에 스텝을 밟으며 남성의 리드를 따라가면 된다. 기본적인 기술을 배우고 여행 일행과 함께 살사바를 찾았다. 빙글빙글 턴을 돌며 라틴 음악을 듣던 그 순간이 아직도 그립다. 중남미에서는 파티에서 살사를 추는 문화가 대중적이기 때문에 살사를 배운 후 더욱 쉽게 현지 친구들과 어울릴 수 있었다. 살사에 관심이 생기니 한국에 돌아와서도 살사바를 방문해보고, LA에서도 일부러 살사바를 찾아가기도 했다.

살사를 배우고 나니 탱고가 궁금해서 아르헨티나의 부에노스아이레스를 찾았다. 살사가 정열적이라면 탱고는 클래식하고 우아한 느낌이다. 부에노스아이레스 사람들은 '밀롱가'라고 부르는 탱고바에서 춤을 춘다. 새벽까지 이어지는 밀롱가의 연주와 춤을 구경하니 마치 오르골 속에 들어온 것처럼 몽롱하고, 동화 속 주인공이 된 것만 같은 기분이 들었다. 아르헨티나에 미남미녀가 많다더니 특히 각선미를 뽐내며 춤을 추는 여인들이 어여뻐 보였다. 탱고도 수업을 몇 번 받아봤지만 단기간에 잘 추기는 어려웠다. 한국에 돌아와서 탱고 동호회도 가보았지만 현지의 느낌이 나지 않아 못내 아쉬웠다.

예상했겠지만 나는 글쓰기를 좋아한다. 글쓰기뿐만 아니라 독서도 좋아한다. 어렸을 때부터 틈만 나면 책을 읽었는데 물론 고전이나 공부에 도움이 되는 책보다는 판타지, 무협지, 만화책, 동화책을 좋아했다. 만화책을 집에 들고 들어가면 혼이 날까 봐 허리춤에 넣고 숨을 참은 채 집에 들어가서 몰래 읽은 적도 있다. 공부를 열심히 해야겠다고 결심했던 고등학교 1학년 겨울방학 때도 도서관에서 문제집을 풀다가 지겨울 때면 책을 빌려서 조금씩 읽어나갔다. 활자 속에 세상의 지식과 경험이 담겨있어 정말이지 재밌었다. 지금도 책은 나에게 영감을 주는 최고의 매체이다. 워런 버핏과 점심 식사를 하긴 어렵지만 책 속에서 그의 생각을 알 수 있다.

나는 뮤지컬도 좋아한다. 그래서 기회가 생기는 족족 보러 다녔다. 개중에는 〈노트르담 드 파리〉, 〈오페라의 유령〉처럼 진지한 분위기의 공연도 있었지만, 주로 밝고 쾌활한 뮤지컬을 많이 보았다. 뮤지컬을 보는 순간만큼은 세상의 모든 기쁨을 노래하는 배우와 한 몸이 된 것 같아 행복했다. 삶의 사랑과 행복이 고스란히 노래로 전해졌다. 마치 세상살이는 힘들지만 그래도 살아볼만하다고 외치는 것 같달까. 보고 싶었던 뮤지컬을 보고 나면 행복하면서도 깊은 여운이 남았다. 뮤지컬 티켓 가격이 저렴하지는 않지만 런던과 뉴욕에서는 당일 티켓을 살 수 있어서 가장 저렴하게는 10파운드에도 공연을 감상할 수 있었다. 내가 보고 인상 깊었던 뮤지컬을 몇 편 소개한다.

- 〈몰몬의 책〉 : 뉴욕 브로드웨이에서 공연한다. 안타깝게도 한국에는 문화적 차이 때문에 수입되기 어렵다고 한다. 혹시 뉴욕에 갈 일이 있다면 강력 추천한다. 배꼽 빠지게 웃었다. 영어 울렁증이 있다고? 사실 나도 다 알아듣지 못했지만 주요 줄거리와 대표곡들을 미리 듣고 간다면 충분히 만족하는 선택이 될 것이다.
- 〈알라딘〉 : 램프의 요정 지니의 코믹 연기에 알라딘보다 지니가 주인공이 아닐까 생각이 들 정도다.
- 〈오페라의 유령〉 : 영화를 먼저 본 다음, 뮤지컬을 볼 것을 추천한다. 진지한 분위기의 뮤지컬이지만 주옥같은 명곡들을 듣다 보면 짜르르하게 퍼져가는 감동을 느낄 수 있다.
- 〈레베카〉 : 한국에서 옥주현 씨가 하는 공연을 보았는데 전율이 돋았던 기억이 있다. 공연을 볼 기회가 있다면 강력 추천하고 싶다.

여름에는 서핑을, 겨울에는 스키를 타러 가보는 건 어떨까? 새로운 학기 어색한 공기 속, 교실에서 만난 친구들과 대화를 나눈 후 나와 잘 맞는 친구들과 어울려 다니듯 다양한 분야의 취미들을 한 번씩 시도해보고 나와 맞는 취미를 찾으면 된다. 기다리는 대상이 있는 것도 행복이라는 생각이 든다. 아껴두었던 초콜릿을 까먹듯 취미를 하나씩 꺼내 먹으면 인생이 더욱 풍요로워진다. 나의 관심 분야가 넓어지면 세상을 보는 창도 넓어진다. 나만의 견고한 취향을 가꿔 인생을 더욱 풍요롭게 살아보면 어떨까. 기분이 왠지 울적하다면 나에게 소소한 행복을 가져다주는 취미와 해보고 싶은 일들을 적어보자.

취미	언제	어디로	누구와	어떻게
서핑	여름	강원도 양양	친구와	서핑 스쿨 방문

"아껴두었던 초콜릿을 까먹듯 취미를 하나씩
꺼내 먹으면 인생이 더욱 풍요로워진다."

5장

나를 지탱해 주는
관계들

부모님께 먼저
여쭤봐야 할 것 같습니다

"서울을 떠나 연고가 없는 광양에서 근무해야 한다면 어떻게 하겠습니까?"

앞서 면접관의 질문에 막힘없이 답을 풀어내던 A씨는 순간 얼어붙었다. 몇 초간 적막이 흐른 다음 그의 입이 열렸다.

"부모님께 먼저 여쭤봐야 할 것 같습니다."

자기소개서 평가도 좋고, 토론 면접에서도 준수한 점수를 받았던 A씨. 하지만 그는 결국 합격 소식을 듣지 못했다.

P 기업의 면접 사례이다. 최종 면접에서 A씨가 통과하지 못했던 이유는 무엇이었을까? 성인이 되었다고 모두 어른이 되는 것은 아니다. 진정한 어른은 부모로부터 정서적, 경제적 독립을 하여 자신의 삶을 오롯이 책임지는 사람이다.

인생에서 부모님과의 관계가 변화하는 분기점은 크게 세 번이라고 생각한다. 학창 시절, 사회인 시절, 그다음 결혼이다. 나는 학창 시절에는 말 잘 듣는 모범생이었고, 부모님의 기대를 충족하면서 살았으니 부모님에게 종속된 삶을 살았다. 사회인이 된 후에 점차 나만의 주관이 뚜렷해지면서 부모님과 의견이 충돌하기 시작했지만, 경제적으로 독립했기 때문에 내 신념대로 원하는 길을 갈 수 있었다. 아직 결혼은 하지 않았지만 나만의 가정을 꾸리고 부모님을 향후 부양해야하는 책임을 지면서 부모님과의 관계가 또 다른 형태로 바뀔 것이다.

학창 시절의 나는 모범생이었다. 그런 나를 보며 부모님은 언제나 흡족해하셨다. 성격은 내성적이어서 가게에 들어가서 점원에게 말을 거는 것조차 어색해할 정도였다. 고등학교를 졸업하고 대학교에 입학하면서 처음으로 부모님 품을 떠나 '독립'이라는 것을 했다. 그즈음으로 기억한다. 내성적이었던 나의 성격이 변하기 시작한 것이. 내면에서 꿈틀대던 본래의 내 모습이 외부의 빗장이 열리면서 나오기 시작했달까. 내향적인 어머니의 영향을 받아 나 또한 내향적인 편이었으나, 대학 시절의 나는 활달하고 외향적인 성격으로 바뀌었다. 20년 동안 매일을 붙어 있던 가족의 영향권에서 벗어나니 자유로웠고, 고향 친구들 그리고 예전 나의 생활과 단절되었다. 돈을 직접 벌어서 쓸 수도 있었고, 성인으로서 할 수 있는 일의 범위가 넓어지며 새로운 삶을 살 수 있었다. 사회인이 되어서는 집안 살림과 생활비 마련 등 스스로를 먹여 살리는 온전한 독립을 하면서 모든 중요한 결정을 스스로 내리게 되었다. 내가 독립을 하지 않았다면 절대로 직장을 관두지도, 여행을 다니지도 못했을 것이다.

나이만 먹는다고 어른이 되지 않는다. 30대가 되어서도 간단한 집안일 하나 못하는 사람도 있다. 엄마가 없으면 집에서 밥을 안 먹는 자식들도 있단다. 독립을 하고 집에서 부모님과 함께 살 때는 감사한 줄 몰랐던 사소한 것들에 감사하게 됐다. 매 끼니를 스스로 해결해야 하니, 엄마의 따뜻한 집밥이 그립고, 반찬 투정하던 어린 내가 복에 겨웠었다는 걸 알게 된다. 그래서 지금은 엄마가 밥을 해주시는 게 하나도 당연하지 않고 너무나 감사하다. 매달 나가는 월세, 가스비, 수도세 등의 생활비와 각종 지출에 스쳐 지나가는 월급을 보며 내가 스스로를 먹여 살린다는 것의 무게를 실감한다.

어떤 결정을 내릴 때 부모님의 반대에 부딪치는 경우가 있다. 나이가 들어가며 결혼하고 아이를 낳아 기르는 친구들을 보면서 부모님을 조금씩 이해하게 된다. 아이를 키우려면 나의 커리어와 시간을 기회비용으로 지불해야 한다. 자신의 삶이 들어있기 때문에 자식에게 무언가를 기대하거나 스스로를 투영하는 심리는 어찌 보면 당연하다. 부모는 지금까지 자신이 살아온 삶의 경험을 반추하며 자식이 안전한 선택을 하길 바란다. 그런 정서적 독립이라는 산을 뛰어넘지 못하면 부모님의 설득에 내가 하고 싶은 일을 포기하고, 평생 부모 탓을 하며 원치 않는 삶을 살게 될 수 있다. 부모는 자신의 결정에 자식이 따라주길 바라고 자신의 결정이 옳다는 신념을 가지고 있다. 이러한 부모님의 마음을 이해하고, 철저한 준비를 했을 시에 내가 결단을 내리는 것이 가능해진다. 하지만 부모님의 생각을 이해하지 못하고 종속된 상태로 살다 보면, 결국 관계도 망치고 내가 원하는 삶도 살지 못하게 된다.

서로에게 긍정적인 영향을 주며 도울 수 있는 관계가 좋은 관계이며 건강한 관계이다. 건강한 관계가 되려면 부모님도, 나도 서로에게서 독립하여 서로를 존중해야 한다. 부모님과 중요한 선택의 기로 앞에서 종종 부딪친다면 스스로가 독립했는지 먼저 돌아보자. 내가 치밀하게 준비하고, 실행하고, 그 결과를 부모님께 보여드리면 부모님도 결국에 인정해주실 것이다.

코로나로 가족과 함께 있는 시간이 늘어나면서 가족의 소중함을 더 깊게 느꼈다. 바이러스라는 재난상황에 처하니 문득 이런 생각이 들었다.

'만약 전쟁이라도 나면 어떻게 될까? 다른 것은 다 놓고 가더라도 가족 손은 놓지 않겠지.'

집 안에서 보내는 시간이 늘어나고, 가족 외의 사람들과는 만남을 자제하다 보니 가족의 존재에 깊이 감사하게 됐다.

내가 서른이 넘으니 부모님도 육십대에 접어드셨다. 눈이 침침해서 글씨가 흐리게 보이고, 팔다리가 아프다고 하시는 걸 보니 마음이 아프다. 어린 시절부터 늘 명절 때면 함께 했던 할머니, 할아버지 그리고 부모님과 함께 할 수 있는 시간도 점점 줄어들고 있다. 홀로 여행을 다녀보니 세상의 좋은 풍경을 나 혼자 보는 게 너무나 아쉬웠다. 나의 일과 자아실현도 중요하지만 가족이라는 뿌리가 있기에 세상을 향해 뻗어 나갈 수 있었다는 것을 가족과 함께 지내면서 다시금 느낀다. 부모님과 더 행복하게 사랑하며 덜 벌더라도 최대한 많은 시간을 보내야겠다. 세월이 흘러 부모님과 다시는 함께 할 수 없는 때가 오면 지금 이 순간을 억만금을 주어도 살 수 없다는 걸 안다. 시간이 유한하다는 걸 자각할 때 무엇이 더 중요한 지를 마음에 새기게 된다. 사랑하는 사람들이 있기에 오늘에 더 최선을 다할 것을 다짐한다.

현명한
연애와 결혼

데이트 폭력에 관한 기사가 심심치 않게 신문 헤드라인을 장식한다. 피해자의 의사에 반해 위력으로 성관계 장면을 불법 촬영하고, 헤어진 여자친구에게 성관계 영상을 유포하겠다고 협박한 뒤 다시 성폭행하여 재차 성관계 장면을 불법 촬영한 20대 남성이 검찰에 구속된 사례가 있다. 이 남성은 여자친구의 반려견까지 벽돌로 폭행하고 주변 사람들도 해치겠다고 협박했다. 평소 여자친구를 상습적으로 폭행하다가 헤어지자고 하니 자신의 집에 끌고 가서 폭행을 하고, 여자친구의 부모를 살해한 사건도 있었다. 경찰청 조사 자료에 따르면 데이트 폭력 사범은 2014년 6천 6백여 명에서 지난해 1만 명을 넘어섰다고 한다. 또한 데이트 폭력의 재범률은 76%에 달하고, 가해자 5명 중 1명은 1년 이내에 범행을 또 저지르는 것으로 나타났다.

연인과의 관계는 양날의 검이다. 관계를 잘 맺으면 연인은 가장 좋은 친구이자 조력자가 될 수 있는 반면, 관계를 잘못 맺으면 지금까지 살아온 삶을 망칠 수도 있다. 위 사건들의 경우 피의자의 나이가 10대에서 30대로 다양하지만 모두 젊은 연령층이라는 공통점이 있다. 전 연령대에서 골고루 일어나는 연인 사이의 범죄이지만 20~30대의 비율이 가장 높다. 청소년기와 청년기에 일어난 사건은 피해자에게는 평생의 트라우마로, 피의자에게는 모든 커리어와 평판을 망치는 결과로 돌아올 수 있기 때문에 올바른 연애관은 무엇보다 중요하다.

데이트 폭력의 피의자는 상대방에게 집착하고 그를 통제하며 자신의 소유로 여긴다. 앞서 언급한 사건들은 심각한 수준의 신체적 폭력에 해당한다. 이런 물리적인 폭력뿐만 아니라 언어적 폭력과 정신적 폭력도 데이트 폭력에 해당된다. 고함을 지르거나 상대방을 모욕하고, 욕을 하는 행위는 언어적 폭력이다. 또한 연인이라는 이유로 하루의 모든 일정을 공유하게 하고, 친구를 만나는 것도 제약을 가하는 등 나의 모든 일에 간섭하는 것은 정신적 폭력이다. 이런 연애의 끝에 남는 것은 상처와 다음 연애에 대한 두려움이며, 혹여 가정을 이루었을 때는 자식들에게까지 악영향을 미칠 수도 있다.

모든 일에는 '처음'이 중요하다. 처음의 경험이 어떤지에 따라 이후 그 분야에 대한 인식과 마음 자세, 패턴이 자리 잡는다. 첫 투자를 잘하면 돈을 벌어서 그 돈을 시드 머니로 삼아 다른 투자를 이어가며 자신감이 붙는 것처럼, 연애도 첫 연애를 잘해야 한다. 연애에도 패턴이 있어서 앞으로의 연애가 비슷한 패턴을 이어가기 쉽기 때문이다. 신중하게 시작하고 서로를 존중하면서 서로의 일에 도움을 주고받아야 한다. 서로만을 바라볼 게 아니라 자신의 일상생활과 균형을 고루 맞추어야 한다.

연애란 드라마나 영화에서 보듯 환상적이고 이상적인 것이 아니다. 가족 관계와 친구 관계처럼 관계의 한 종류이다. 하지만 연애를 해보지 않으면 현실적인 연애를 모를 수 있다. 내 삶에 연인이 생기는 순간, 삶에서 다른 부분들의 비중을 조절하고 재배치해야 한다. 연애가 내 삶의 전부가 되면 헤어지고 나서 상대방의 빈자리가 너무 크게 느껴진다. 상대는 상대고 나는 나이다. 상대를 나의 소유물로 여기니 집착하고 구속하는 것이다. 연애를 하면서 주로 먹고 노는 위주의 데이트를 했다면, 내가 일과 공부에 쓰는 에너지와 시간을 그만큼 잃어버린다는 의미도 된다. 'OO이는 연애하면 남자친구만 만나더라'라는 소리를 들으며 연애하면 친구들과 소원해지는 경우도 있으니, 나의 모든 관심사가 연애에만 편중되지 않도록 생활의 균형을 맞추자. 서로만을 바라보면 사랑이 식었는지 혹시 다른 사람이 생긴 것은 아닌지 염려하고 아쉬워하게 된다. 함께 성장할 수 있는 목표를 세우고, 같은 곳을 바라보는 연애를 하는 게 어떨까.

바람직한 연애를 위해서 남자든 여자든 자신의 몸과 상대방을 지킬 수 있도록 성에 대해서도 다시 공부해야 한다. 정확한 피임법을 숙지하고 준수해야 한다. 성병의 종류와 증상이 무엇이 있는지 알아두고, 여성의 경우 자신의 생리 주기와 가임기를 다이어리에 체크하는 습관을 가져야 한다. 잠깐의 유혹에 저지른 실수가 낙태, 난임, 성병 등의 문제로 이어져 평생을 후회하면서 살아갈 수 있음을 잊지 말아야 한다.

남성과 여성의 차이점에 대해서도 이해해야 한다. 『화성에서 온 남자 금성에서 온 여자』라는 책이 베스트셀러에 올랐을 만큼 남녀의 사고방식은 다르다. 남자는 신뢰, 인정, 감사, 찬미, 찬성, 격려를 바라는 반면 여자는 관심, 이해, 존중, 헌신, 공감, 확신을 원한다. 서로를 이해하면 싸울 여지도 줄어든다. 여자친구가 직장에서 서운한 일이 있어서 남자친구에게 불만을 토로할 때 남자친구가 해결 방법을 제시한다면 답답함을 느낄 수 있다. 여자들은 자신의 말에 공감하고 맞장구를 쳐줄 때 불쾌했던 감정이 조금은 해소되기 때문이다. 물론 모든 상황에 적용되는 것은 아니지만, 보편적인 특징을 이해한다면 이성과의 커뮤니케이션이 원활해질 것이다.

부모와는 20년 남짓을 함께 살지만 배우자는 평생을 함께 할 수도 있기 때문에 연인 관계를 맺을 때부터 신중해야 한다. "결혼 전에는 눈을 크게 뜨고, 결혼 후에는 반쯤 감아라"라는 격언이 있지 않던가. 자신만의 기준을 정해놓고 그에 어긋나는 사람은 만나지 말자. 좋은 것 100가지보다 싫은 것 1~2가지가 관계를 망친다. 술을 지나치게 좋아하거나, 책임감이 없거나, 도박에 빠지거나, 이성관계가 문란하거나, 성격에 심한 결함이 있는 등 내가 절대로 허용할 수 없는 기준을 정해 놓고 사람을 만나도록 하자.

이별을 겪으면 계속해서 이어지지 않는 관계에 대한 상실감과 허무감을 느낀다. 친구와 달리 연인은 인연이 끊어지면 가장 가까웠던 사람을 영원히 잃게 되니까. 관계가 끝난 후에 나에게 무엇이 남았을까? 누군가를 사랑한다는 것은 또 다른 소우주를 만나는 것이다. 그 사람의 세계와 나의 세계를 온전히 공유하며 마치 나의 반쪽으로 여기게 된다. 되돌아보니 그래도 그 순간 행복했다는 것을, 무언가를 배우며 성장했다는 것을 느끼게 되었다. 좋은 연애는 사람을 성장시킨다. 설렘도, 아픔도, 심장이 뛰는 느낌도 시간이 지나면 흐려지지만 타인을 나의 반쪽처럼 여기며 모든 것을 함께했던 경험은 인간과 삶에 대해 이해할 수 있는 가장 좋은 방법 중 하나이다. 7포세대는 연애도 포기해야 하는가? 단순히 경제적인 이유로 연애를 포기한다는 건 슬프고 안타까운 일이다. 내가 자립할 수 있는 충분한 능력을 갖추고 혼자서도 행복할 수 있는 사람이 되어 그런 상대를 만나면 행복이 두 배가 되지 않을까?

평균 수명이 늘어나는 바람에 인간이 너무 오래 산다는 생각이 든다. 100살까지 산다면 앞으로 70년 정도를 더 살아야 하는데 혼자 살면 무료할 것 같다. 자식도 긴 인생에서 20년 정도를 함께 보낼 수 있고, 어렸을 때 절대적으로 시간과 노력을 쏟아야 하는 기간이 초등학교 저학년까지라고 생각하면 그리 길지 않은 투자라는 생각이 든다. 그래서 나는 결혼도 하고, 아이가 있어도 나쁘지 않을 것 같다는 생각을 가지고 있다. 남들이 결혼하니까 나도 결혼해야 한다고 생각하는 건 타인의 삶과 목표를 좇는 인생일 뿐이다. 당신은 연애와 결혼에 대한 자신만의 기준이 있는가? 자신만의 연애관을 확립해보자.

Q. 내가 생각하는 현명한 연애와 결혼은?

Q. 상대방에게 절대 용납할 수 없는 것은?

학창 시절 친구만
진정한 친구는 아니었다

"사회에서 만난 친구는 초중고 시절 친구만은 못해."

학창 시절에 선생님들이 으레 하셨던 이야기로 기억한다. 정말 그럴까? 10대 때는 혼자 다니면 이상하니까 억지로라도 무리에 끼려고 했다. 20대 때는 '얕고 넓게 만나느냐, 좁고 깊게 만나느냐' 고민했다. 그래도 결국은 오래 남는 인간관계가 더 좋지 않을까 생각했다. 30대가 된 지금은 친구보다는 일과 가정에 우선순위를 두는 모습을 보게 된다. 학생 때에는 같은 학교라는 공통분모가 있지만 사회인이 되면 각자의 삶이 많이 달라진다. 그에 따라 생활과 생각도 달라진다. 미혼이냐, 기혼이냐에 따라 또 달라진다. 결혼을 하면 사람들의 우선순위가 친구보다는 가정으로 바뀐다. 아이를 낳으면 더더욱 집안일, 가족, 본인의 커리어를 챙기는 것도 바빠 친구와 예전처럼 자주 만나지 못하게 된다. 그래서 동호회에서 만나는 사람들이 더 편하고 재밌을 때도 많다. 생각이나 관심사가 비슷하고, 유익한 정보도 교환할 수 있다. 외국어 회화 모임, 재테크 모임, 운동 모임 등 사회생활을 하면서 만난 사람들도 나에게는 좋은 친구이다.

여행을 하면서 친구의 경계에 대한 생각이 바뀌었다. 이전에는 단짝 친구, 가까운 친구, 지인 등으로 인간관계를 구분했었다. 하지만 여행을 통해 국적도 나이도 뛰어넘어 마음을 나누는 사람들이 생겼다. 미국에서 만난 '미국 엄마 클라라'는 터키를 함께 여행한 나의 룸메이트였다. 함께 여행을 하며 정이 들어 엄마처럼 가까워져서 나는 그녀를 '미국 엄마'라고 부른다. 멕시코계 미국인이라서 멕시코에도 자주 간다고 했는데, 마침 내가 멕시코를 방문할 때 그곳에 머물고 있어 다시 만날 수 있었다. 클라라의 고향 마을이 '테오티우아칸 피라미드' 근처에 있어 함께 여행을 다니고, 가족 파티에도 초대를 받았다. 헤어지는 날 새벽까지 밤을 새우며 인생 이야기를 나눈 후 공항으로 떠났다. 당시 내가 고민하고 있었던 문제들에 진심 어린 조언을 해주었고, 그 누구에게도 받지 못했던 깊은 위로를 받았다.

일본 친구 '나츠키'는 요르단의 페트라에서 처음 만났다. 뉴욕 파슨스 디자인 스쿨에서 패션 공부를 마치고, 파리에서 MBA(경영학 석사)를 하고 있는 친구였다. 공감대가 많았던 우리는 하루를 함께 여행했다. 몇 달 후 파리에서 그 친구와 우연히 만나 다시 함께 시간을 보냈고,

또 몇 달이 지나 뉴욕에 갔는데 인스타그램으로 나츠키도 뉴욕에 있다는 것을 알고 다시 만났다. 함께 베이글 집을 찾아다니고, 뉴욕에서 쇼핑하는 방법을 알차게 배우며 행복한 시간을 보냈다. 또 시간이 흘러 태국 방콕에 갔는데 기적처럼 나츠키와 재회했다. 서울이나 도쿄에서 다시 만나겠거니 했는데 방콕에서 다시 만나다니. '인연'이라는 생각이 들었다. 지난 1년 반 동안 어떻게 살아왔는지 밀린 이야기를 정답게 나누었다.

"지구 어딘가에서 다시 만나자. 그때까지 잘 살고 있어야 해!"

우리는 밀린 회포를 풀고 지구 어딘가에서 다시 만나기를 기약했다. 다음에 다시 만나면 더 멋진 이야기를 들려줄 수 있도록 잘 살아야겠다고 다짐하며.

고등학교 때는 학업에만 집중해야 한다고 생각해서 친구들과의 행복한 추억이 별로 없다. 아무리 성공해도 함께 시간을 나눌 사람들이 없다면 행복할 수 있을까? 그래서 인간관계에 더 정성을 들여야겠다고 다짐했다. 가끔씩만 연락해도 든든한 사람들이 있다. 그냥 그 사람이 존재한다는 것만으로도 든든하고 힘이 돼서 애써 관계를 유지하려고 하지 않아도 자연스럽게 연결되어 있는 사람들. 친구들과 이야기를 나누면 배우고 느끼는 게 참 많다. 특히 외국 친구들은 문화적 배경, 삶의 경험, 사고방식이 다르기 때문에 이야기를 나누며 많은 영감을 받았다. 혼자의 힘으로는 멀리 갈 수 없다. 나와 비슷한 결을 가진 사람들과 교류를 이어나가면 확신을 가지고 내가 원하는 삶을 살아가게 된다. 이제는 지구 어디를 가도 만날 수 있는 사람들이 있어 든든하다.

살아온 과정을 되돌아보니 친구 관계에서 가장 고민이 많았던 시기가 10대였다. 학교의 세계가 약육강식의 정글의 세계처럼 느껴졌다. 중학교 때는 소위 일진이라는 친구들 때문에 학교를 가기가 싫기도 했고, 혼자 다니면 안 되는 줄 알았다. 혹시나 교우 관계 때문에 학교에 가기 싫은 10대 친구들이 이 책을 읽는다면 해주고 싶은 말이 있다. 지금 학교생활이 괴로울 수 있지만 이 친구들과의 관계는 잠깐이고 내 인생은 길다. 시간이 지나면 잊힐 사람들에게 감정적인 에너지를 낭비할 필요가 없으니 적당한 선을 유지하면서 스스로를 발전시키는 데 집중했으면 좋겠다. 다만 인간관계에서 선택과 집중을 하여 좋은 친구들을 오래도록 곁에 두자. 나에게도 학창 시절부터 친한 친구들이 있다. 모두 자신의 삶을 열심히 사는 배울 점이 많은 멋진 사람들이다. 좋은 친구들과 만남을 지속하기 위해서는 꾸준히 연락하며 노력을 해야 한다. 인간관계도 식물처럼 물과 햇빛과 정성을 주어야 자라는 법이다.

'시절인연時節因緣'. 굳이 애쓰지 않아도 만나게 될 인연은 만나게 되어 있는 것이고, 애를 써도 만나지 못할 인연은 만나지 못한다는 것이다. 아무리 만나고 싶은 사람이 있고, 가지고 싶은 것이 있어도 시절인연이 무르익지 않으면 바로 옆에 두고도 만날 수 없고 손에 넣을 수 없는 법이다. 반면 만나고 싶지 않고 가지고 싶지 않아도 시절의 때를 만나면 기어코 만날 수밖에 없는 것이다. 모든 인연에는 오고 가는 시기가 있고, 우리 모두 각자의 때가 있으니 애쓰지 않아도 인연은 나타난다.

어린 시절 평생을 함께 할 것 같던 친구들과 생활이 달라지면서 자연히 멀어지고 잊히기도 하며, 우연히 만난 사람이 인생의 귀인이 되어주기도 한다. '지금의 나는 내가 만나는 사람들 10명의 평균'이라는 말이 있을 정도로 친구의 역할은 중요하다. 좋은 에너지와 긍정적인 영향을 주는 사람들은 삶의 보배다. 하지만 단지 소외되지 않아야 된다는 생각에 억지로 사람들과 어울리려고 애쓸 필요는 없다. 때가 되어 만났고, 때가 되어 헤어진 것이니 인연을 미리 만나지 못했음을 한탄하거나 인연의 단절을 지나치게 아쉬워할 이유가 없다.

10대 때는 같은 학년, 같은 반 친구들, 학원 친구들 등으로 인간관계의 폭이 좁았다. 20대 때는 대학 생활을 하면서 선후배 관계가 생겨났고, 사회인 선배들을 만나서 조언을 듣기도 했다. 그 후 여행을 다니면서 전 세계에 친구들이 생겨났다. 숱하게 많은 사람들이 스쳐 지나갔고 몇몇은 곁에 남아 있다. 시야를 내 주위에만 두면 나중에는 기억도 나지 않을 사람들과 어울리기 위해 애쓰게 될 수도 있다. 인간 관계도 다이어트가 필요하다. 모이면 술만 마신다든지, 남의 험담을 한다든지, 자기 자랑하기에 바쁜 관계는 집에 돌아와서도 마음에 찝 찝함이 남는다. 서로에게 도움이 되고 발전적인 관계를 유지하는 좋은 친구를 곁에 두자. 진짜 친구는 어려울 때 힘이 되어주는 사람이다.

좋은 친구를 사귀는 가장 좋은 방법은 바로 내가 좋은 친구가 되어 주는 것이다. 사람을 대하는 게 어색하다면 심리학, 화법, 대인 관계 에 관련된 책을 읽으면서 내가 약한 부분을 보완하는 것도 좋다. 인간 관계도 연습을 통해서 단기간에 좋아질 수 있다. 사람들과 관계를 맺 는 게 어색하고 서툴다면 꾸준히 연습하자.

나는 부동산 공부를 하면서도 좋은 인연들을 만났다. 혼자였다면 결코 꾸준히 투자에 관심을 둘 수 없었을 것이다. 2017년부터 꾸준히 공부하고, 함께 부동산 임장을 다녔던 사람들이 주변에 있었기에 나 도 성장할 수 있었다. 부지런히 공부하고, 주변 사람들에게도 베푸는 멋진 사람들과 함께였기에 좋은 추억들도 쌓여 나갔다. 부동산 임장 을 다니다 보면 평소에 가보지 못했던 동네에 가게 된다. 그곳에서 함 께 맛있는 음식점에 가기도 하고, 간식을 먹으며 이런저런 이야기를 나눈다. 특히 나는 어린 나이에 법인 관리 및 부동산 투자 공부를 시작한 편이라 주변에는 나보다 나이가 많은 분들이 많았다. 어려운 순간이 찾아올 때면 조언해주시는 분들이 그렇게 든든하고 감사할 수가 없었다. 벌써부터 이렇게 경제 공부를 열심히 한다며 기특하게 여기고 흔쾌히 도와주셔서 이모와 삼촌들을 여럿 둔 것만 같았다. 부동산에 대해 잘 아는 가족도, 친인척도, 친구도 없었기에 고민을 함께 나누는 사람들이 옆에 있다는 건 진정 큰 힘이 되었다. 특히나 사업과 투자 분야에 단단한 내공을 가진 분들의 이야기를 귀담아듣다 보면, 나도 저 나이대가 되면 더 성장해 있어야겠다는 마음을 다지게 된다.

내 인생에는 귀인이 없다고 생각하는가? 하지만 곰곰이 생각해 보면 내가 먼저 손을 내밀지 않았을 확률이 높다. 마음을 내어 다가오는 사람에겐 나부터가 하나라도 더 알려주고 싶기에, 내가 배울 의지가 있다면 세상 모든 사람들이 나의 스승이 된다.

SNS 속 나의 아바타

영국드라마 〈블랙미러〉의 '추락'이라는 에피소드에서 SNS를 풍자하는 이야기를 다룬 적이 있다. 이야기의 주인공 '레이시'가 사는 세상에서는 SNS가 나의 능력과 인성을 평가하는 수단이 된다. 이 세상에서는 남에게 보이는 삶이 중요하다. 나를 평가하는 타인에게 밉보이지 않기 위해 듣기 좋은 말만 하고, 항상 미소를 띤 채 살아간다. 타인의 평점에 따라 나의 집, 직업, 차 등이 정해지고 나와 비슷한 평점의 사람들끼리 어울린다. 평점을 쌓기 위해 남에게 잘 보이려고 애쓰지만, 평점이 내려가는 건 한순간이다. 동생과 싸우고, 지나가는 사람과 부딪혔다는 이유 하나만으로 점수가 깎여 4.1점이 되니 비행기표를 얻을 수 없었다. 자신이 결혼식장에 가야 하는 상황임에도 비행기표를 주지 않자 화가 난 레이시가 욕설을 내뱉었고, 곧바로 경찰이 나타나 두 배로 점수가 깎이는 벌을 받는다. 레이시는 무작정 결혼식장에 찾아가 난동을 피우고, 이야기는 마무리 된다.

'추락'이라는 에피소드는 제목 그대로 SNS 속 높은 평점의 여인이 '추락'하는 이야기이다. 이 이야기에서는 아이러니하게도 평점이 낮아질수록 내가 하고 싶은 말을 하고, 내가 하고 싶은 행동을 하는 모순을 보게 된다. 만약 SNS가 내 '스펙'과도 같다면, 우리의 삶도 이 이야기와 크게 다르지 않을 것이다.

'SNS 우울증'이라는 신조어가 생겼다. SNS 속 다른 사람의 화려하고 행복한 일상을 담은 사진을 보며 본인은 불행하다고 느낀다. '취업 준비 중인데 친구들이 회식이나 출장 사진을 올리면 나만 낙오자가 된 것 같아 무기력해진다', '친구가 값비싼 기념일 선물을 받아 SNS에 자랑하면 비교가 돼 연애도 하기 싫어진다', '예쁜 친구의 인스타그램을 보다가 참지 못하고 성형을 했다', '화려한 인플루언서들의 삶을 보면 내 삶이 처량해진다' 등의 생각을 한 적이 있는가?

SNS 우울증 자가 진단

0~3개 : 정상 ┃ 4~6개 : 경미한 우울증 ┃ 7개 이상 : 우울증 의심

1. SNS에 접속하지 않으면 불안하다.
2. 가족, 친구들과 함께 있을 때에도 수시로 SNS를 확인한다.
3. SNS 접속 시간 줄이기에 실패한다.
4. 비싼 음식을 먹을 때 SNS에 사진을 올리고 싶다.
5. SNS 글에 댓글이 없으면 초조해진다.

6. SNS '좋아요' 수가 적으면 우울하다.

7. SNS 속 다른 사람의 글과 사진을 보고 잠을 못 잔 적이 많다.

8. '예쁘다'는 이야기가 듣고 싶어 셀카를 하루에 한 번 이상 찍어 올린다.

9. SNS에 내가 모르는 맛집과 명소가 뜨면 나만 뒤처지는 느낌이다.

10. SNS에서 유명한 음식점과 여행지 사진을 보고 일부러 찾아간 적이
    있다.

전문가들은 자아가 강하지 않고, 우울감을 잘 느끼는 사람들이 SNS에 의존할 확률이 높다고 진단한다. 이런 성향의 사람들이 게임이나 술을 찾듯이 SNS를 찾는다는 소리다. 하지현 건국대학교 신경정신과 교수는 "삶을 과시하거나 인정받기 위해 SNS를 시작했다가 오히려 다른 사람의 화려한 삶을 보며 우울감이 더 커지는 경우가 많다"며 "특히 젊은 층으로 갈수록 이런 현상은 심해진다"라고 말했다.

친구가 농담으로 "인스타그램에는 예쁜 사람이 너무 많은데 현실에서는 찾아보기 힘들다"라고 말한 적이 있다. 포토샵으로 편집한 사진과 유명한 맛집, 명품 가방과 신발, 외제차 등으로 도배한 인스타그램을 보면 '자랑스타그램'이라는 생각이 들기도 한다.

SNS 계정 속의 나는 나의 아바타와도 같다. SNS 속 다른 이의 아바타와 현실의 나를 비교하거나, SNS 속 나의 아바타와 현실의 내가 불일치하는 데에서 우울감이 찾아온다. 현실의 나와 내가 원하는 자화상에 괴리가 생기는 것이다. 불교에서는 '참나'와 '에고'에 대해 이야

기한다. '참나'는 '진정한 나'를 말하는 것이고, '에고'는 '만들어진 나'를 말한다. '에고'에 집중하면 가방, 자동차, 내가 사는 동네 등이 나의 정체성의 일부가 된다. 학창 시절 메이커 신발을 신고 다니면 남들보다 우위에 섰다는 우쭐한 감정이, 성인이 되면 명품 가방, 외제차, 값비싼 아파트에 사는 것으로 바뀐다. 이처럼 타인에게 과시하고 싶은 나의 이미지를 보여주는 것이 SNS다.

'주객전도'는 SNS에도 적용된다. 인스타그램에 사진을 올릴 목적으로 음식점을 찾아다니거나, 쇼핑을 할 때에도 타인에게 보여주기 위한 것이 가장 큰 목적이었던가? 인스타그램의 '좋아요'에 집착하고, 냉동식품을 먹으면서도 최고급 요리를 먹는 것처럼 행동하고, 강제 해고를 당해도 꿈을 위해 그만둔 것처럼 말하고 있지는 않았던가? 사실 명품 가방이든 자동차든 사람의 심리를 파고든 마케팅의 산물일 뿐이다. 고유한 취향에 따른 선택인지, 타인을 의식한 선택인지를 점검해보자. 내가 람보르기니를 타면 사람들이 대단하게 생각할 거라는 욕구에 기반해 차를 구입했다면, 사실은 람보르기니와 나를 동일시하고 있는 것이다. 반면 람보르기니라는 브랜드의 전통과 철학이 마음에 들어서 선택했을 뿐, 사실은 티코를 타고 다녀도 행복한 사람은 물건보다도 자신의 철학이 우위에 있는 사람이다. SNS는 내가 타인의 삶을 살고 있는지 점검해볼 수 있는 도구가 된다. 타인의 눈에 비치고 싶은 나의 모습을 그 어떤 것보다 잘 드러내주는 매체이기 때문이다.

명품으로 온몸을 장식하는 건 '나 부자예요'라며 과시하고 싶은 욕구를 반영한다. 하지만 아이템이 나보다 돋보이는 경우 나의 매력은 가려진다. 자신감이 충만한, 내면에서 빛이 나는 사람은 그 자체로 멋지다. 사람 자체가 명품인 사람이 더 멋지지 않을까?

SNS는 사이버 폭력의 장이 되기도 한다. 쉽게 개인 정보를 파악할 수 있어 마음먹고 신상을 파헤친다면 몇 분 내로 직장, 출신 학교, 집 주소, 휴대폰 번호까지 알아내어 범죄에 활용할 수 있다. 또한 SNS에는 자극적인 영상, 맛있는 음식, 욕설, 광고 등으로 가득 차 있다. 글 속에 담긴 사람들의 의식 수준을 바라보자. 깊은 생각과 정리를 거친 글, 노력과 정성이 들어간 글이 내 SNS의 주된 흐름인지, 가볍고 일시적인 쾌락만을 주는 글로 가득 차 있는지 점검해보자. SNS와 휴대폰에 저장된 친구 목록은 가득하지만 정작 내가 어려울 때 도와줄 수 있는 사람은 손에 꼽는다. 쉽게 친구를 맺고 차단할 수 있는 사회. 지구 어느 곳에나 쉽게 연락할 수 있지만 진실 어린 연대감은 오히려 더 약해지지 않았을까.

SNS는 도구이다. 내가 활용하는 방식에 따라서 장점도 많이 있기 때문에 전략적인 SNS 사용 방법이 필요하다. 우선 트렌드를 발 빠르게 캐치할 수 있다. 오래된 친구를 찾기도 하고 지인들의 근황을 알 수 있다. 비슷한 관심사와 가치관을 가진 사람들끼리 연결해주기도 한다. 나에게 필요한 정보와 유용한 정보를 빠르게 얻을 수 있다. 사업을 한다면 개인 브랜드를 홍보할 때에 훌륭한 마케팅 수단으로 활용할 수 있다.

나의 SNS 사용 습관을 점검해보자. 나는 타인의 이목을 끌기 위해 SNS를 꾸미는 데 집중하고 있지는 않은가? 하루 종일 스마트폰을 부여잡고 지나치게 많은 시간을 SNS에 쓰고 있는 건 아닌가? 스스로에게 질문을 던지자. 내가 팔로우를 하고 있는 사람들이 올린 정보가 나에게 긍정적인 영향을 주고 있는지를 돌아보자.

반려동물과 함께
살아가는 삶

"강아지가 사람 약을 여덟 알이나 삼켰어요! 지금 진료 가능한가요?"

현재 시각 밤 9시 30분. 동네 동물병원이 다 문을 닫은 시간이다. 나는 24시간 동물병원을 검색해 황급히 전화를 걸었다. 내가 집을 비운 사이 강아지가 약 봉투를 찢어버리고 알약을 삼켰다. 다행히 진료가 가능한 병원이 있어 구토를 하도록 조치를 취했다. 처치실로 들어간 강아지의 깨갱깨갱하는 울음소리가 들리고, 밖에서 마음을 졸이며 한 시간 이상을 기다렸다. 내가 어렸을 때 발이 찢어져 엄마가 급히 병원에 데려간 적이 있었다. 그때 "할 수만 있다면 엄마가 대신 아팠으면 좋겠어" 하며 마음 아파하던 엄마의 기억이 떠올랐다. 치료가 끝난 뒤 집에 돌아가려는데 택시 승차 거부를 여러 번 당해서 귀가하는 것도 쉽지 않았다. 집으로 돌아오니 자정이 넘은 시각이었고, 강아지들을 간단히 씻기고 잠자리에 들었다.

코로나로 바깥 활동이 줄어들고, 집에 머무르는 시간이 길어지면서 강아지 두 마리를 입양했다. 어린 시절 마당에서 기르던 삽사리가 있었지만, 집에서 반려동물과 함께 지내는 건 처음이었다. 그렇게 태어난 지 2달 정도 된 코카 스파니엘과 래브라도 리트리버와의 생활이 시작되었다. 어딘가 적막감이 감돌았던 우리집에 강아지들이 들어오니 온기가 돌았다.

강아지 두 마리와 함께 살게 되면서 나의 하루 일과가 달라졌다. 아침에 강아지가 낑낑대며 깨우는 소리에 눈을 뜨고 산책을 나간다. 부스스하고 찌뿌둥했던 몸과 머리가 아이들과 산책을 하다 보면 깨어난다. 집에 돌아와 아이들 배변 패드를 치우고, 청소하고, 씻기고, 밥을 준 뒤 샤워 후 본격적으로 나의 일을 시작한다. 운전도 다시 시작하게 됐다. 강아지가 약을 삼켰던 응급 상황 이후 운전의 필요성을 절감한 것이다. 서울에서는 대중교통으로 혼자 다니기에 불편한 적이 없었는데, 강아지 때문에 승차 거부를 여러 번 당하니 자차의 필요성을 느꼈다.

가끔씩 강아지를 관찰하다 보면 어린아이와 비슷하다는 생각이 든다. 품에 쏙 들어왔던 새끼 시절을 지나 눈에 띄게 쑥쑥 자라나며 배변은 어디에 해야 하는지, 점프는 어떻게 하는지 등 세상살이를 하나둘씩 배워나간다. 우리 강아지는 타고난 성격도 다르다. 코카 스파니엘 '맥스'는 안아주면 가만히 있고 애교가 많다. 래브라도 리트리버 '라이언'은 덩치는 큰데 겁이 많고, 혼자 구석에 조용히 엎드려 있는 것을 좋아한다. 두 녀석 다 사회성이 좋아서 사람이나 다른 강아지를 보면 반가워서 어쩔 줄 몰라 한다. 두 마리를 키우다 보니 한 녀석만 예뻐하면 다른 녀석이 와서 머리를 들이대며 자기도 예뻐해달라고 다가온다. 서로 질투하면서 으르렁대며 싸우기도 하고, 언제 그랬냐는 듯 서로를 핥아주며 포개져서 함께 잠이 든다. 하지 말라는 행동을 반복해서 가르치면 안 하고, 칭찬을 해주면 기뻐하는 표정이 역력하다. 자세히 보면 기쁜 표정, 행복한 표정, 실망하는 표정, 짜증이 난 표정이 다 다르다.

'강아지 통역기가 있으면 좋겠다.'

강아지도 감정과 생각이 있다. 다만 인간의 말을 못 할 뿐이다. 실제로 '애니멀 커뮤니케이터'라는 직업도 있다.

강아지를 키우니 전에는 관심도 없었던 강아지 호텔, 펜션, 수영장, 카페, 택시 등을 검색하기 시작했다. 덕분에 '독 스포츠'가 있다는 것도 알게 됐다. 종목으로는 '어질리티(장애물 넘기)', '디스크독(원반던지기)', '독댄스' 등이 있다. 강아지에 관련된 산업이나 행사가 많아 또 다른 세계를 알게 되었다.

강아지와 함께하는 산책은 지루할 틈이 없다. 아침마다 산책을 하는 강아지들을 자주 만나다 보니 강아지 친구들을 사귀고, 견주들과 대화를 하게 된다. 우리 강아지들은 아직 어려서 큰 강아지를 보면 반가워서 어쩔 줄 몰라 하며 뽀뽀하고 핥는다. 성견이 되면 성격이 변한다고 하는데 이를 관찰하는 것도 쏠쏠한 재미이다. 예전에 친구가 자신이 키우는 강아지가 하트 모양으로 똥을 쌌다며 호들갑을 떨면서 나에게 사진을 보낸 적이 있다. 이제는 그 마음이 이해가 간달까.

아직 육아의 경험은 없지만 반려동물과 함께하며 안정된 가정에서 오는 행복이 이와 비슷하지 않을까 생각했다. 과거에는 자식을 키우는 이유를 정말 몰랐다. 여자의 경우 경력 단절이 생기고, 경제적으로 부담이 큰데 굳이 왜 키워야 할까 의문이 있었다. 강아지를 키워보니 반려동물도 이렇게 예쁜데 자기 자식은 얼마나 예쁠까 싶다. 견주들은 강아지를 10년이 넘는 시간을 함께할 가족으로 여긴다. 나와 가장 가까운 생명체를 사랑하는 것에서 오는 기쁨. 특히 나보다 약한 존재를 보살피고 책임지는 경험은 '모든 것을 주는 기쁨'을 선사한다. 산책, 목욕, 청소 등 반려동물을 키우는 일은 많은 수고와 시간이 들지만 예쁘기 때문에 견주들은 고생을 마다한다.

평소에 우울함을 잘 느끼는 사람이라면 반려동물 입양을 추천한다. 우울한 감정을 느낄 때 가장 좋은 방법은 몸을 움직이는 것이다. 강아지와 산책하고, 청소하고, 함께 놀아주다 보면 자연스럽게 활동량이 늘어난다. 강아지와 교감하며 외로움이 줄고, 성격은 유해진다. 작은 것에 기뻐하게 된다. 간식 하나, 손짓 하나, 칭찬 한 마디에 꼬리를 살

랑살랑 흔드는 반려동물 덕분에 자주 웃는다. 강아지를 입양하고 우리집 분위기도 더욱 밝아지고, 서로 많은 대화를 나누게 됐다. 이따금씩 외롭고 힘들 때면 강아지를 안고 아이들에게 이야기를 한다. 사람의 말을 이해하진 못하겠지만, 온기가 있는 생명이 나에게 안겨있는 것만으로도 큰 위로를 받는다.

반려동물과 함께 살아가니 다른 생명체에게도 관심을 갖게 됐다. '소와 돼지도 감정을 느끼고, 강아지처럼 사람과 유대감을 형성할 수 있을까?'라는 생각이 드니 동물 학대를 반대하는 시민 단체도 더 유심히 보게 되었다. 서울에서 열린 '비건 페스티벌'에 참여한 적도 있다. 채식주의자들을 위한 페스티벌에서 환경 보호와 동물 보호 캠페인이 열렸다. 채식만으로도 맛있는 음식이 많았고, 공정 무역 및 제조를 통해 만든 물품들을 보면서 나도 동물과 자연을 위한 소비를 해야겠다고 생각했다. 물론 채식주의자가 되는 것은 쉽지 않은 선택이다. 하지만 동물도 감정을 느낀다는 것을 몸소 체험하면서 기회가 된다면 유기견이나 길냥이를 입양해서 키우고 싶어졌다.

강아지 외에도 매력적인 반려동물이 많다. 고양이를 키우는 지인과 대화해보니 고양이는 강아지보다 외로움을 덜 탄다고 한다. 우리 강아지들은 내가 외출했다가 집에 돌아오면 문 앞에서 나를 기다리며 반가워서 어쩔 줄 몰라 한다. 본능적으로 무리와 함께 움직이는 습성이 있어서 오랜 시간 혼자 보내는 것을 힘들어한다. 고양이는 비교적 독립적이고 산책을 시킬 필요가 없어서 시간 여유가 없는 사람은 고양이가 적합하다. 강아지는 비교적 넓은 공간을 필요로 하고, 고양이는 위아래로 움직일 수 있는 공간이 필요해서 집이 좁다면 더욱 고양이를 추천한다.

어느 날 앵무새를 기르는 지인이 우리집에 앵무새를 데리고 놀러와 반려조의 생활을 이야기해 준 적이 있다. 앵무새도 주인에게 애정 표현을 한다. 스스로 사람의 손에 다가와 머리를 만져달라며 들이민다. 부리로 슬쩍슬쩍 건드리며 새들끼리 깃털을 정리해주듯 주인과 교감한다. 주인에게 뽀뽀도 하고, 마음에 안 드는 사람은 콕 하고 쪼기도한다. 쿠키 조각을 줬더니 한쪽 발로 잡고 입으로 가져가는 모습에 피식 웃음이 났다. 지인은 스쿠터를 타고 우리집까지 왔는데, 앵무새를 어깨에 앉히고 왔다고 해서 놀라기도 했다. 가끔씩 듣기 싫은 소리를 빽 내지르는 것이 단점이지만, 사람의 말을 따라하는 모습을 보는 것도 큰 재미이다.

만약 강아지와 고양이 털 알레르기가 있어 기르지 못한다면, 다른 반려동물을 고려해보는 것도 하나의 선택지이다.

"온기가 있는 생명은

다 의지가 되는 법이야."

— 영화 〈리틀 포레스트〉 중에서

나는 나와 함께
살아간다

평생을 함께 살아가야 하는 사람은 누구일까? 바로 나 자신이다. 태어나는 순간부터 죽는 순간까지 나는 나와 함께 살아가야 한다. 그래서 그 누구보다도 나 자신과 관계를 맺는 법을 알아야 한다.

대학교를 졸업하고 선생님이 되어 학교에서 근무를 시작했다. 동시에 독립을 시작하며 철저히 혼자인 시간이 늘어났다. 대학생 때는 아이스크림을 먹으러 나가려고 해도 같이 갈 친구들이 있었다. 하지만 직장 근처로 거처를 옮기니 친구들은 따로 약속을 잡아 만나야 하는 존재가 되었다. 처음에는 너무나 외로웠다. 가족과 친구와 떨어져 혼자서 시간을 보내는 방법을 몰랐다. 집에 오면 적막함이 싫어 TV를 켜놓고 외출한 적도 있다. 혼자인 게 싫고 외로웠다.

당신은 어떤 것을 혼자서 할 수 있는가? 혼자서 밥을 먹어본 적이 있는가? 인터넷상에서 유행했던 혼밥족 레벨 테스트를 해보자.

혼밥족 LEVEL TEST

LEVEL 1 편의점에서 혼자 삼각김밥 또는 라면 먹기

LEVEL 2 학생식당 또는 푸드코트에서 혼자 먹기

LEVEL 3 패스트푸드점에서 혼자 먹기

LEVEL 4 분식집에서 혼자 먹기

LEVEL 5 중국집 등 일반 음식점에서 혼자 먹기

LEVEL 6 유명한 음식점이나 전문 요리점에서 혼자 먹기

LEVEL 7 패밀리 레스토랑에서 혼자 먹기

LEVEL 8 고깃집이나 횟집에서 혼자 먹기

LEVEL 9 술집에서 혼자 술 마시기

혼자서 무엇을 하는 것도 연습이 필요하다. 혼자 자취하는 생활에 점차 적응이 되면서 지금은 혼자인 시간도 좋고 함께인 시간도 좋다. 생각보다 혼자서 할 수 있는 게 정말 많았다. 몇 년 전까지만 해도 혼자서 밥을 먹는 것을 어색하게 생각하는 사회 분위기가 있었지만, 1인 가구가 늘어나면서 보편적인 문화가 되었다. 혼자 무언가를 한다는 게 처음에는 두려웠다. 하지만 이런저런 경험을 하다 보니 이제는 혼자도 전혀 두렵지 않다. 대학교 1학년 여름방학에 혼자서 워크캠프에 참여했다. 해보고 싶어서 그냥 무작정 갔다. 처음에는 조금 어색했지만 사람들과 다 친해지고 좋은 추억만이 남았다. 혼자 해도 괜찮다는 것을 몰라 시도하지 못했던 것들을 지금은 망설임 없이 한다.

'혼자 시간 보내기'의 궁극은 '혼자 여행하기'이다. 혼자 여행하면서 나는 나와 대화하는 시간을 정말 많이 가졌다. 조지아를 여행할 때였다. 현지인은 물론이고 여행자들조차 러시아어를 쓰는 사람이 대부분이라서 말이 통하지 않았다. 덕분에 2주 동안 거의 혼자만의 시간을 보냈다. 밀린 여행기도 정리하고, 사진과 영상을 백업하고, 음악을 들으면서 일도 하고, 혼자 밥을 먹고 카페에 갔다. 미슐랭 레스토랑을 혼자 가보기도 했다. 혼자만의 시간을 보내면 다른 사람들을 유심히 관찰하거나 생각하는 시간도 늘어난다. 박물관이나 미술관에 가서 찬찬히 작품을 감상하기도 한다. 함께 여행할 때는 사람들과의 대화가 기억에 남는 반면, 혼자 여행하면 그 장소와 나 자신에게 온전히 집중하게 된다.

책을 쓰는 것도 나와의 관계를 돈독하게 하는 좋은 방법이다. 책을 쓴다고 삶이 크게 바뀌는 것은 아니지만 그 과정 자체가 즐거웠다. 30년 남짓의 삶을 돌아보고 나의 인생을 이곳으로 이끌어 준 작은 순간들, 인연들, 계기들을 돌아보니 앞으로 나아갈 방향도 더욱 뚜렷해졌다.

내가 살아온 과거가 지금의 나를 만들었고, 지금의 내가 미래를 만든다. 객관적으로 나를 바라보면 막혀 있는 문제들의 실마리를 찾을 수 있다. 모든 사람이 책을 쓰기는 어렵지만, 적어도 일기만큼은 꼭

썼으면 좋겠다. 나의 모든 책의 내용도 일기에서 출발했다. 글쓰기는 나와의 대화이다. 머릿속이 복잡할 때 글을 쓰며 나의 감정을 돌아본다. 기쁜 날도 슬픈 날도 일기에 기록하다 보면 생각이 정리되고 앞으로 나아갈 길을 알 수 있다. 친구에게도 가족에게도 털어놓을 수 없는 이야기들을 일기에는 적을 수 있다. 누구와도 할 수 없는 이야기를 나 자신과 나눌 수 있다.

많은 취미를 가져보는 것도 스스로를 아는 데 도움이 된다. 새로운 분야를 접하고, 알아가고, 좋아하는 것들을 선별해서 깊어지는 과정은 삶의 동반자를 만드는 것과 비슷하다. 나는 지금까지 스쿠버 다이빙, 서핑, 수영, 요가, 스피닝, 부동산 공부, 경제 공부, 발레, 피아노, 요리, 사진, 글쓰기, 베이킹, 독서, 산책, 여행, 영어, 일어, 불어, 명상, 영상 편집, 살사, 탱고 등을 시도해보았다. 이렇게 살면 심심할 틈이 없다. 이것저것 시도해보고 내가 가장 좋아하는 것을 선별해 꾸준히 한다. 나만의 고유한 취향은 삶의 행복지수를 높여주는 하나의 요소이다.

은퇴 후에 무엇을 해야 할지 몰라서 방황하는 사람들이 있다. 아마 온전한 나 자신으로 살아본 경험이 많지 않아서일 것이다. 누군가의 아내, 누군가의 엄마, 어느 회사 부장님 등 모든 역할을 떼고 내가 누군인지 고민하며 우울증에 걸리는 사람도 종종 보았다. 나와 함께 시간을 보내는 법을 알고, 나를 다독일 줄 알아야 한다. 내가 행복해야 주변 사람들도 행복하게 해줄 수 있다. 내가 충만해야 흘러넘친다. 내가 공허한데 다른 것이 어찌 잘 될까. 누군가를 사랑하기 전에 나를 먼저 사랑할 줄 알아야 한다.

"무슨 일하세요?"

사람을 처음 만났을 때 이름 다음으로 흔히 묻는 질문이다. 예전에는 답하기가 쉬웠다. 대학생이라고, 교사라고. 그런데 지금은 이야기가 길어진다.

"원래 초등학교 교사하다가 지금은 사업과 투자 등을 해요..."

길게 이야기하기 싫을 때는 한 가지 직업만 말한다. 하지만 내가 어떤 사람이냐고 물었을 때 답해줄 말이 직업뿐이라면 은퇴 후에는 뭐라고 답할까? 나의 정체성이 곧 직업인 것일까. 다르게 답할 수 없을까? 의문이 들었다.

"지나가는 나그네입니다."

이렇게 답하면 이상한 사람이 되는 걸까? 나는 더 이상 정해진 단어로 규정할 수 없는 범위의 삶을 살고 있다. 그렇다면 내가 나를 규정할 수 있겠다. 사실 규정할 필요도 없다. 나는 나이기에. 나는 나를 사랑하기 때문에 내가 무슨 일을 하든 나를 응원한다. 당신은 스스로를 얼마나 알고 있는가? 스스로를 어떻게 생각하는가? 나와의 관계를 돌아보고 관계를 돈독히 할 자신만의 방법을 찾길 바란다.

　세상에 둘도 없는 소중한 당신과 평생을 행복하게 살기를 응원한다.

당신은 인생이라는 영화 속 주인공입니다

24살이 되던 새해, 인도 우다이푸르에서의 일이다. 인도의 고아와 함피로 향하는 기차표를 예매하러 갔다가 '멘붕'이 찾아왔다. 내가 원하는 날짜의 기차표가 매진되었고, 인도에서 꼭 가고 싶었던 함피를 포기할 수밖에 없었다. 고아까지 가려면 꼬박 하루하고도 반나절이 소요되는데, 고아까지 가서 함피를 못 보고 오다니! 생각대로 일이 풀리지 않자 가슴이 답답해졌다. 지금까지 잘해왔는데. '나 홀로 인도 여행' 정작 혼자서는 힘은 배로 들면서 일은 잘 풀리지 않았다.

이 도시는 굉장히 세련되고 아름다웠지만, 그 어느 곳에서도 느껴보지 못했던 외로움이 밀려왔다. 많은 사람들과 만나고 헤어지고를 반복하는 게 힘들었다. 며칠을 함께 다니다 보니 정이 들었는데 또 이별이라니. 이제 여행은 그만하고 집에 가고 싶었다. 나의 가족과 친구, 일상이 그리워서 견딜 수가 없었다. 길에서 휴대폰을 쓸 수 없는 것도 싫었고, 어딜 가나 눅눅한 매트리스도 싫었다. 길에서 한국어로 호객 행위를 하는 인도인들의 말소리도 싫었다. 얼굴이 익을 것처럼 열이 나고 머리가 멍했다. 아팠다. 물에 빠져버린 휴대폰은 고물이 되어 사람들과 연락할 수도 없었다.

눈물이 볼을 타고 줄줄 흘렀다. 너무나 서럽고 외로웠다. 길거리의 모든 풍경은 무채색이 되어 흐려졌다. 모든 소리가 메아리처럼 울리고 정신이 혼미했다. 정처 없이 길을 걸으며 울었다. 호숫가에서 오열을 하며 세상에 혼자 남겨진 사람처럼 펑펑 울었다. 그때 익숙한 목소리가 들려왔다. 게스트하우스에서 일하는 직원 아저씨였다.

"Why are you cry?"

"나는 아파요. 그리고 혼자에요. 가족들이 너무나 보고 싶고 여행을 그만두고 싶어요. 기차표가 없어서 일행이 기다리고 있는 다음 도시로 떠날 수도 없어요."

울먹이며 말하는 나에게 직원 아저씨는 걱정하지 말라며 게스트하우스 주인아저씨에게 데려갔다. 주인아저씨와 직원 아저씨는 인도에서 네가 왜 혼자이냐, 내가 너의 오빠나 다름없다며 나를 안심시켰다. 그리고 기차표는 역에 가서 '따갈'이라는 여분의 티켓을 끊을 수 있다며 내일 아침 일찍 함께 기차역에 가자고 했다. 게스트하우스 루프탑 레스토랑에 앉아 위로를 받으니 조금씩 진정이 되었다.

주인아저씨는 자신의 집에 함께 가자고 했다. 아저씨는 자신의 이름은 '알빈'이며 나처럼 전직 선생님이라고 했다. 전직 복서로도 활동했으며 지금은 게스트하우스를 오픈한 두 아이의 아빠. 아저씨의 오토바이에 올라타 나는 세 번째로 인도 현지인의 집을 방문하게 되었다. 아이들 앞에서 아저씨는 내가 호숫가에서 엉엉 울고 있었다며 나를 놀렸다. 너희들도 집을 나서면 이 언니처럼 고생한다며 나를 놀리는 아저씨가 얄밉기도 했지만 마음의 경계가 스스로 풀리며 안심이 됐다. 거실 소파에서 아주머니가 준비한 달달한 디저트를 먹고, 안방에 가서 인도 할머니 할아버지와 함께 드라마를 보았다. 어딜 가나 사람들 사는 모습은 참 비슷한 것 같다. 아이들은 학교에서 만든 미술 작품을 꺼내 보이며 자신들의 이야기를 서툰 영어로 늘어놓았다. 늦은 밤이라 긴 이야기를 나누지는 못했지만 마음이 많이 편안해진 채로 아저씨와 함께 게스트하우스로 돌아왔다.

"너는 혼자가 아니야. 알았지? 인도에서는 우리가 너의 가족이고, 네 곁에 있단 걸 잊지 마."

외딴 인도에서 세상에 혼자 남겨진 것처럼 막막했을 때, 내게 손을 내밀어 준 주인아저씨가 없었다면 나는 여행을 포기했을지도 모른다. 나약했던 인도에서의 나처럼 지금의 나도 많이 부족한 사람이다. 이제 겨우 삼십 대 초반인 내가 책을 쓰는 것이 아주 조심스럽고 망설여졌었다.

빠른 90년생인 나는 23살에 처음 사회생활을 시작했다. 180만 원 남짓의 월급에서 매달 나가는 50만 원의 월세와 생활비 앞에서 서울 하늘 아래 살아가는 게 막막했다. 치열한 입시, 취업, 그리고 경제적 독립. 끊임없이 주어지는 과업에 대한 압박감은 나와 같은 밀레니얼 세대들의 가슴을 답답하게 할 것이다. 학교를 떠나 사회생활을 하다 보면 '사실 괜찮지 않은데...' 괜찮은 척해야 하는 순간들이 종종 찾아올 것이다. 때로는 가족도, 연인도, 친구에게도 말하기 어려운 나만의 고민들이 쌓여갈 것이다. 그런 순간이 찾아올 때면 나에게 손을 내밀어 준 주인아저씨처럼, 이 책이 당신들의 삶에 내미는 따뜻한 손이 되었으면 한다.

물론 힘들고 포기하고 싶은 순간도 있었지만, 내가 상상한 것 이상으로 어른이 된 이후의 삶은 가슴 뛰고 즐거웠다.

'30대가 되면 나는 이런 모습으로 살고 있을 거야!'

학창 시절에 그렸던 어른이 된 나의 모습을 떠올려보자. 영화 속 주인공이 시련을 겪지 않고 고지에 다다르는 일이 없듯 우리가 인생에서 겪는 즐거운 일도, 힘든 일도 나중에는 '과정'으로 기억될 것이다.

당신은 인생이라는 영화 속 주인공이며. 당신의 미래를 진심으로 응원한다.

이 시대를 살아가는 밀레니얼 세대의 5가지 키워드

승진이 뭐가 중요하죠?

초 판 발 행 일	2021년 06월 25일
발 행 인	박영일
책 임 편 집	이해욱
저 자	잇첼(Itzel)
편 집 진 행	이소영
표 지 디 자 인	박수영
편 집 디 자 인	신해니
발 행 처	시대인
공 급 처	(주)시대고시기획
출 판 등 록	제 10-1521호
주 소	서울시 마포구 큰우물로 75 [도화동 538 성지 B/D] 6F
전 화	1600-3600
팩 스	02-701-8823
홈 페 이 지	www.sidaegosi.com
I S B N	979-11-254-9820-9[03320]
정 가	15,000원

시대인은 종합교육그룹 (주)시대고시기획·시대교육의 단행본 브랜드입니다.